Böhlau

Lisa Fischer / Regina Köpl

Sigmund Freud

Wiener
Schauplätze
der
Psychoanalyse

Böhlau Verlag Wien · Köln · Weimar

Coverabbildungen: Freud Couch © Freud Museum, London
Sigmund-Freud-Polster © 2002 Spiral And
Circle

Karte: © apa-Pressedienst

Bibliografische Information Der Deutschen Bibliothek

Die Deutsche Bibliothek verzeichnet diese Publikation in Der
Deutschen Nationalbibliografie; detaillierte bibliografische An-
gaben sind im Internet über http://dnb.ddb.de abrufbar.

ISBN 3-205-77388-8

© 2005 by Böhlau Verlag Ges. m. b. H. und Co. KG,
Wien · Köln · Weimar
http://www.boehlau.at

Gedruckt auf umweltfreundlichem,
chlor- und säurefreiem Papier

Druck: Imprint, Slowenien

Gewidmet Marion und der Couch

Einleitung

Sigmund Freud (1856–1939) war ein Träumer. Geboren in der Peripherie, im mährischen Freiberg, dem heutigen Příbor, träumte er, wie viele andere auch, vom Aufstieg im Zentrum eines Millionenreichs. Hier sollte er das weite Land des Unbewussten entdecken und als „Conquistadorentemperament und Abenteurer",[1] wie er sich selbst nannte, mit der Entwicklung der Psychoanalyse von Österreich aus seinen Platz in der Welt bestimmen.

War Wien vor 1848 nur eine durchschnittliche mitteleuropäische Stadt gewesen, so entwickelte sie sich in der zweiten Hälfte des 19. Jahrhunderts im Eiltempo zu einer europäischen Metropole. Sichtbarer Ausdruck der rapide voranschreitenden Modernisierung war die architektonische Neugestaltung der Stadt. 1860, im Jahr des Zuzugs der Familie Freud, wurde das Projekt der Ringstraße begonnen, ein Vorhaben, das eine Großbaustelle im Herzen der Stadt mit sich brachte. Zu diesem Zweck wurde die alte Stadtmauer geschliffen und die neu geschaffenen Gründe an das finanzkräftige liberale, meist jüdische Großbürgertum verkauft, das hier repräsentative Wohnbauten errichten ließ. Die Bodenpreise in der späteren Nobelmeile waren hoch; für die Bauherren auf dem ehemaligen Glacis winkte jedoch eine Steuerbefreiung für bis zu dreißig Jahren.[2] Der Erlös floss in die Stadtkassen, aus denen in der Folge öffentliche Gebäude wie das Rathaus oder das Parlament finanziert werden konnten.[3]

Das Wien des Fin de siècle kennzeichnete jedoch nicht nur die Fortschrittseuphorie, sondern auch eine enorme Bevölkerungsexplosion, drastische soziale Probleme und das Entstehen moderner Massenparteien. Innerhalb von dreißig Jahren, zwischen 1880 und 1910, hatte sich die Bevölkerungszahl durch Eingemeindung der Vororte und durch stete Immigration aus den Kronländern verdoppelt. 1910 wohnten bereits zwei Millionen Menschen in Wien.[4] Arm und Reich lebten eng neben-

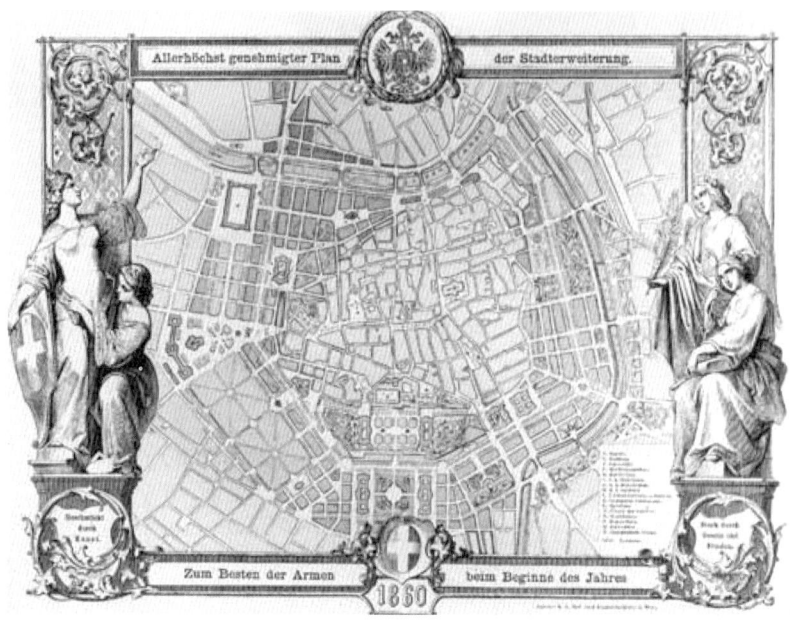

1. Stadterweiterungsplan 1860

einander. Den bürgerlichen Palais standen die „Tuberkelbur-
gen", die Zinskasernen der Armen, in denen der Tod täglicher
Gast war, gegenüber. Während die Prachtbauten der Ringstraße, Repräsentationsgebäude des erfolgreichen Bürgertums,
entstanden, besaß jede zwanzigste Person nicht einmal ein eigenes Dach über dem Kopf.[5] Als Bettgeher und Bettgeherinnen
zogen sie im Winter von Haus zu Haus und übernachteten im
Sommer bei der „grünen Bettfrau" in den Wäldern des Praters.[6]
    Neben den sozialen Konflikten prägten Nationalitätenstrei-
tigkeiten und der Kampf der politischen Parteien die Atmosphäre. 1897 war der populistische christlich-soziale Demagoge
Dr. Karl Lueger Bürgermeister geworden.[7] Er heizte nicht nur
den Antisemitismus an, sondern auch die Gegnerschaft zur Sozialdemokratie. Es war dieses Klima, das Adolf Hitler, einen er-
folglosen Kunstmaler, der aus Geldmangel in einem Männer-
heim wohnte, prägte.[8] Um 1900 pulsierte jedoch noch eine
weitere Konfliktlinie. Das gut geübte Weiblichkeitsideal von
körperlicher Zartheit und intellektuellem Schweigen war brü-

10

2. Parlament und Ringstraße im Bau um 1881

chig geworden. Zugang zu Bildung sowie der Kampf um bürgerliche und politische Rechte prägten die Bühne weiblicher
Agitation ebenso wie das Verlangen nach sexueller Selbstbestimmung. Frauen machten sich unüberhörbar auf die Suche
nach einem neuen Selbstbild und einem befreienden Wirk-
lichkeitsort.

Vor dem Hintergrund der sozialen, ethnischen und
geschlechtsspezifischen Konflikte entstand die Psychoanalyse
als eine von mehreren Antworten auf die Unsicherheiten
ökonomischer und gesellschaftlicher Modernisierung. Die Zeit
war nervös geworden und das neue Tempo nicht nur durch die
Elektrifizierung der Straßenbahn eingezogen.

Wie andere Zugezogene auch fantasierte der junge Sigmund Freud von Emanzipation und Integration. Diesen Traum
teilte er mit vielen Frauen. Bertha Pappenheim, die berühmte
Anna O. aus Freuds „Studien über Hysterie"[9], war mit ihren
Symptomen nur eine von vielen Frauen des Bürgertums, die
durch Krankheit in den Widerstand gingen. Krise und Kreati-

DIE IDEALISTIN ♡△

Im Garten modernefter
                    Pflanzen der Zeit
Befcheiden die Idealiftin gedeiht.
Ihr Blick ift ganz Seele,
                    ihr Wefen Gemüt,
Ihr Glück, ihre Welt ift ein
                    Blümlein, das blüht.

Wird heut auch der Storch
                    von den Menfchen verlacht,
Glaubt fie doch, daß ein ft
                    er die Kinder gebracht,
Und fleht fie in zärtlicher
                    Liebesglut zwei,
So meint fie, daß dies ein
                    Gefchwifterpaar fei.

DIE FRAUENRECHTLERIN

Was Feffeln zerreißt und von
                    Schlagworten lebt,
Was Ämter in Staat und
                    Gemeinde erftrebt,
Was raucht und tarockt
                    und mit Eifer kongreßt,
Und gerne fich manchmal
                    „verhaften" läßt;
Was Kleider fich fo wie
                    die Herren läßt bau'n
Und Haare fich ftußt —
                    find moderne Frau'n.
Sie wünfchen gleichwertig dem
                    Manne zu fein — —
Zwar find fie's noch nicht,
                    doch fie bilden fich's ein!

3. Frauen im Aufbruch – Karikaturen um 1900

vität waren Schwestern auf der Bühne dekadenter Spiele und neu zu konstruierender Verhaltensmuster. Dort, wo die Melancholie und der Weltschmerz in Todessehnsüchten gipfelten, forderten Eros und Selbstbestimmung neue Experimentierfelder.

Die Erfolgsstory der „Firma Freud" beruhte auf dem Engagement und dem Wissensdurst von Frauen. An einer zum größten Teil weiblichen Klientel entwickelte Sigmund Freud seine Theorien. Mit Hilfe seiner Patientinnen, von denen viele später selbst Analytikerinnen wurden, erprobte er nicht nur die

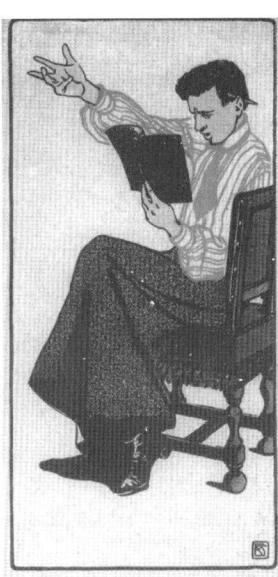

DIE SCHRIFTSTELLERIN

Dem Symbolisten, Wasserdichter
der Bohème,
Kurzum der ganzen schlappen
Dekadenz,
Macht die Kollegin eine
unbequeme
Und dabei profitable Konkurrenz.

Sie hängt nicht, wie der Mann,
an Idealen,
Sie strebt mit Ernst auf
ein bewußtes Ziel,
Und nebenbei verdient sie
mit lokalen
Berichten für die Tagespresse viel.

♡♤♡ **DAS MALWEIB** ♡♤♡

Jeder Strich sitzt wie graviert,
Keiner wird mehr wegradiert;
Was ihr Künstleraug fixiert
Unbarmherzig wird's skizziert.

Hergebrachter Tradition
Spricht ihr ganzes Wesen Hohn:
Fort mit aller Illusion!
Ihre Kunst heißt Sensation.

Grundlagen der Psychoanalyse, sondern baute vor allem ein Netzwerk weiblicher Unterstützung. Während viele der männlichen Anhänger wie C. G. Jung oder Alfred Adler in Konkurrenzkämpfen vom Meister abfielen, entpuppten sich die Frauen bei der Internationalisierung und Institutionalisierung der Psychoanalyse in Wien, Budapest, Berlin, Paris, London oder New York als verlässliche Mitstreiterinnen. In der Berggasse sorgten Ehefrau Martha, Schwägerin Minna und das Dienstpersonal für ein produktives Arbeitsklima. Tochter Anna, die Sigmund Freud durch die Analyse fest an sich gebunden hatte, war sogar multifunktional tätig: Sie half ihm als Sekretärin, bediente ihn als Krankenschwester und führte schließlich als getreue Statthalterin seines psychoanalytischen Vermächtnisses das Erbe in die Zukunft. Für die Verleihung des von Sigmund Freud heiß ersehnten Professorentitels intervenierten Elise Gomperz und Marie Ferstel, beide frühe Patientinnen. Auch die berühmte Couch wurde ihm von einer Frau, Madame Benvenisti, geschenkt. Prinzessin Marie Bonaparte wiederum unterstützte mit finanziellen Mitteln den Aufbau der Psychoanalytischen Vereinigung in Frankreich und ermöglichte nach dem „Anschluss" Österreichs an das Deutsche Reich – zusammen mit Margaret Stonborough-Wittgenstein – die Emigration der Familie Freud.

Nach dem Ersten Weltkrieg war die Psychoanalyse vor allem beim anglophonen Publikum in Mode gekommen. Ohne die gut zahlende Klientel aus England und Amerika hätte Sigmund Freud finanziell nur schwer überleben können.[10] Bis 1934 bestand in Wien, im aufgeschlossenen Klima der Sozialdemokratie, ein geeignetes Experimentierfeld für Aspekte des Freud'schen Denkens über Individuum und Gesellschaft. Über Freuds Schülerinnen und Mitstreiter, allen voran Alfred Adler, fanden die Ideen Eingang in die sozialdemokratische Reformpädagogik, die Sozialfürsorge und die Erwachsenenbildung des „Roten Wien". Die kurze Phase des Aufbruchs scheiterte jedoch an der politischen Repression durch Austrofaschismus und Nationalsozialismus.[11] Durch die Emigration vieler Analytiker und Analytikerinnen wurde die psychoanalytische Theorie und Praxis verstärkt internationalisiert und trat ihren globalen Siegeszug an.

Der vorliegende Band versteht sich keineswegs als ein weiterer Beitrag zur Geschichte der Psychoanalyse mit ihren Kontinuitäten, Bruchlinien oder Widersprüchen. Das Anliegen ist es, gelebte Erfahrung an konkrete Räume zu binden und den stummen, steinernen Zeugen der Genese der Psychoanalyse ihre – meist weibliche – Stimme zurückzugeben. Im Mittelpunkt des Interesses stehen Orte, die – wie das Café Landt-

4. Freud auf Sommerfrische, 1932

mann, das Hotel Bristol oder das Haus Wittgenstein – auf einem historischen Spaziergang zur Einkehr oder im Wienerwald zum Nachlesen einladen. An ausgewählten Schauplätzen werden Sozial- und Wirtschaftsgeschichte, Mentalitäts- und Kulturgeschichte, Biografie und Architektur miteinander verwoben und zu Erzählungen verdichtet. Diese berichten von Spurensuche und Aufbrüchen, aber auch von Irrwegen. Sie wollen informieren, unterhalten, Assoziationsketten spinnen und zu Neugier anregen.

Wir stellen unserem Buch zwei Gastbeiträge voran: Gerhard Benetka gibt eine kurze Einführung in die Theorie Freuds und Inge Scholz-Strasser macht einen virtuellen Rundgang durch das Sigmund Freud Museum Wien.

5. Alegorie Schlaf – Traum, Eduard Ungar 19. Jh.

Traum, Witz und Fehlleistungen: Freud für Humorvolle

Gerhard Benetka

Es war im Herbst 1902, als das – im Nachhinein mit großem Pathos und ein wenig Wehleidigkeit – verkündete Jahrzehnt der „splendid isolation" sein Ende fand: Es „scharte sich eine Anzahl jüngerer Ärzte um mich in der ausgesprochenen Absicht, die Psychoanalyse zu erlernen, auszuüben und zu verbreiten".[12] Die Geschichte ist legendär: Per Postkarte hatte Sigmund Freud zur Gründung eines Diskussionszirkels in seine Wohnung geladen, der sich – zunächst unter der Bezeichnung „Mittwoch-Gesellschaft" – zur institutionellen Keimzelle der psychoanalytischen Bewegung auswachsen sollte. Allem Anschein nach ist uns sogar das Thema des allerersten Abends überliefert: Man redete – und angesichts Freuds „hilfloser Liebe zu Zigarren"[13] ist das gar nicht allzu überraschend – über die psychologische Bedeutung des Rauchens. Der Initiator dieses ersten Treffens – Wilhelm Stekel – ließ Wochen später in der Morgenausgabe des „Prager Tagblatts" ein kleines Feuilleton dazu erscheinen.[14]

Freuds Lehre war damals – zu Beginn des neuen Jahrhunderts – in ihren Grundzügen ausformuliert. In rascher Folge erschienen die „Gründungsschriften": 1899 bereits, um ein Jahr auf 1900 vordatiert – ein Jahrhundertbuch eben! – die „Traumdeutung"[15], ein Jahr später „Zur Psychopathologie des Alltagslebens"[16]; schon 1901 war der „Fall Dora" (unter dem Titel „Bruchstücke einer Hysterie-Analyse"[17]) fertiggestellt, publiziert wurde er 1905, im selben Jahr wie „Der Witz und seine Beziehungen zum Unbewussten"[18] und die „Drei Abhandlungen zur Sexualtheorie"[19]. Von allem Anfang an war die Psychoanalyse also mehr als bloß eine Neurosenlehre: Traum, Witz und alltägliche Fehlleistungen (das Buch „Zur Psychopathologie des

Alltagslebens erhielt den Untertitel: „Über Vergessen, Versprechen, Vergreifen, Aberglaube und Irrtum") sind keine krank-
haften psychischen Bildungen und somit – wenn auch bis dahin nur selten untersuchte – Phänomene der allgemeinen
Psychologie. Was Freud in diesen Büchern zeigen wollte, war,
dass es sich dabei um Bildungen handelt, die ihr Entstehen psychischen Vorgängen verdanken, die jenen der Entstehung der
Neurose analog sind. Womit eine der Haupterrungenschaften
der Freud'schen Psychoanalyse auch schon benannt ist: die
Einsicht, dass „krankes" und „gesundes Seelenleben" qualitativ
nicht voneinander verschieden sind.

Die Trennung des Psychischen in Bewusstes und Unbewuss-
tes ist die Grundvoraussetzung der Psychoanalyse. Unbewuss-
tes kann Einfluss auf die vernünftigen Vorstellungen und Handlungen ausüben, ja es kann diese sogar determinieren. Diese
Erkenntnis hatte Sigmund Freud zunächst in der Behandlung
der Hysterie. Hysteriker und Hysterikerinnen produzieren unter anderem körperliche Symptome ohne somatischen Befund:
Lähmungen, z. B. die nach dem anatomischen Wissensstand
der Medizin so, wie die Kranken sie zeigen, gar nicht sein können. Die naturwissenschaftlich orientierte Medizin reagierte
daher gekränkt und mit Abwehr: Man denunzierte die Kranken und bezichtigte sie der Simulation, entsprechend un-
freundlich war ihre Behandlung.

Freuds Weg zur Entdeckung der Macht des „unbewussten
Seelenlebens" können wir hier nicht verfolgen. Wir stellen den
Sachverhalt, auf den es hier ankommt, einfach in der im Laufe
der 1920er-Jahre entwickelten Terminologie dar.[20] Bei William
James finden wir die Bemerkung, dass die Frage, warum ein
Mensch an einem verregneten Morgen überhaupt aus dem
Bett steigt, *das* Grundproblem der Psychologie sei. Was bringt
uns dazu, etwas zu tun? Die Kräfte, die „den seelischen Appa-
rat zur Tätigkeit treiben", sagt Freud, sind „in den Organen des
Körpers erzeugt [...] als Ausdruck der großen Körperbedürf-
nisse". Und weiter: „Sie erinnern sich an das Wort unseres
Dichterfürsten? Hunger und Liebe. Übrigens ein respektables

18

Kräftepaar!"[21] Diese Kräfte heißen Triebe. Streng genommen handelt es sich dabei nicht um einen psychologischen Begriff: Es sind körperliche Veränderungen, die als „Maße von Arbeitsanforderung für das Seelenleben in Betracht kommen."[22] Triebe schreiben sich daher im Psychischen als Wünsche ein – sie drängen nach Befriedigung; Triebbefriedigung ist die Aufhebung der – als quälend, unlustvoll erlebten – Bedürfnisspannung, die selbst als lustvoll erlebt wird. Im „Es", dem Triebpol des Psychischen, herrscht das Lustprinzip, d. h., dass die Triebregungen, die das „Es" erfüllen, nach sofortiger und rücksichtsloser Befriedigung verlangen. Dem stehen, wie jeder von uns schmerzhaft im Laufe seines Lebens erfahren muss, die Forderungen der realen Außenwelt entgegen. Das „Ich", von Freud als nichts anderes vorgestellt als eine durch die Einwirkungen der Realität entstandene modifizierte äußere Schichte des „Es", muss vermitteln. Das Kind, dessen „Ich" noch schwach, wenig differenziert und organisiert ist, wird überfordert. Es vermag die einander entgegengesetzten Ansprüche des „Es" und der Außenwelt noch nicht durch rationale Geistesarbeit auszugleichen.

6. Familie Freud um 1876

7. Martha, Sigmund und Anna Freud, ca. 1898

Der Konflikt wird durch Verdrängung gelöst. Verdrängt wird ein Triebwunsch, dessen Erfüllung hier und jetzt in einer ihm feindlichen Realität Unlust zu erzeugen droht. Aber was verdrängt ist, ist weder verschwunden noch beseitigt; es besteht weiter fort, isoliert vom „Ich", als ein Teil im „Es", der „für das Ich verbotener Grund ist".[23] Die verdrängte Triebregung ist jedoch nicht müßig, sie versucht sich für die versagte normale Befriedigung zu entschädigen und doch noch im Bewusstsein zur Darstellung zu gelangen. Ein ungleicher Kampf wird eröffnet: Das in seiner Macht eingeschränkte „Ich" erschöpft sich darin, das Verdrängte verdrängt zu halten, d. h. einen neuerlichen Zusammenstoß mit ihm zu vermeiden.

Wir sind jetzt vorbereitet, Freuds Erklärung des Wesens der Neurose zu verstehen. Die Neurose ist demnach das Resultat einer misslungenen und nur halb geglückten Verdrängung. Das Symptom erscheint als Kompromissbildung zwischen dem verbotenen Triebwunsch, dem es gelang, sich über von ihm erzeugte Abkömmlinge im Bewusstsein zu repräsentieren, und seiner Abwehr durch das „Ich". Der Zwangsneurotiker, der unter einem Waschzwang leidet, muss seine schmutzigen Gedanken zulassen. Sie machen ihm Angst; das Waschritual mag seine Angst beschwichtigen, beseitigen kann es sie nicht.

Dieses Prinzip meint Sigmund Freud nun im Traum erkannt zu haben: Im Schlaf wird die Abwehr des „Ichs" gegen den Ansturm verdrängter Triebregungen aus den Sperrbezirken des „Es" geschwächt. Abkömmlingen aus den verdrängten Anteilen des „Es" gelingt es, die „Ich-Abwehr" zu unterlaufen, als – je nach Stärke der Abwehr – mehr oder minder entstellte Ersatzbildungen gelangen sie ins Bewusstsein: Das Motiv jedes (Erwachsenen-)Traumes, so kann es Freud schließlich als Formel formulieren – ist ein verdrängter Wunsch und sein manifester Inhalt nichts anderes als eine entstellte Wunscherfüllungsfantasie.

Freuds Analyse alltäglicher Fehlleistungen bringt gegenüber dem bisher Gesagten nichts Neues: Wenn wir etwas verlegen – meine Brille, die ich brauche, um das vorliegende Manuskript Korrektur zu lesen –, oder etwas vergessen – den Termin, den ich mit meiner Lektorin ausgemacht habe –, oder uns versprechen – wenn ich meinen Kollegen, den ich loben will, im Gespräch mit ihm als „außerordentlich unbegabt" bezeichne – etc., ist daran nichts zufällig, da Wünsche im Spiel sind, vorbewusste und dynamisch unbewusste, die sich einmengen in unser bewusstes Tun und Lassen, so dass uns bisweilen ganz alltägliche Handlungen und Verrichtungen kurios misslingen.

In der Technik des Witzes glaubt Freud schließlich dieselben Mechanismen beteiligt, die im Falle des Traumes aus latenten Traumgedanken den manifesten Trauminhalt entstehen lassen: Verdichtung, Verschiebung etc. Die Lust, die uns Witze machen, führt er auf eine Ersparung von Hemmungsaufwand zurück: Verdrängtes darf, sozial verträglich eingekleidet in das Gewand eines Witzes, zum Durchbruch gelangen; der ersparte Hemmungsaufwand wird als Lachen abgeführt.

Neurotische Symptome, der Traum, die kleinen Fehler im Alltag, das Lachen über einen guten Witz – die Analyse verweist stets auf ein und denselben Sachverhalt: auf die Hervorhebung der Rolle des Unbewussten im Psychischen. Von einer

21

empfindlichen Kränkung, von der „die menschliche Größensucht" durch die moderne psychologische Forschung erfahren soll, hat Freud gesprochen; vom Nachweis, dass das Ich „nicht einmal Herr ist im eigenen Hause, sondern auf kärgliche Nachrichten angewiesen bleibt von dem, was unbewusst in seinem Seelenleben vorgeht".[24] Mag sein, dass sich die Gegnerschaft gegen die Psychoanalyse vor allem auch darin gründet. Empfindlicheren Seelen, die in der Psychologie Trost, nicht aber Erkenntnis zu finden hoffen, vermag die Freud'sche Lehre jedenfalls Stoff genug für weitere Kränkungen zu bieten: die Betonung der Rolle des infantilen Sexuallebens für die Entwicklung der Persönlichkeit; und in diesem Zusammenhang das köstliche Wort von der polymorph perversen Anlage, die jedes Menschenkind bei seiner Geburt mit auf die Welt bringt; der Ödipuskomplex und die Kastrationsangst, Penisneid etc. Und erst der alte Freud, der, wie er selbst sagt, zurückgekehrt ist zum Interesse an jenen kulturellen Problemen, die ihn schon als jungen Gymnasiasten gefesselt hatten:[25] Seine Einsicht, dass alle Kultur auf Triebverzicht gegründet ist; dass daher die einzelne Person feindliche Gefühle gegen die Kultur hegt, in der sie lebt und die sie so schlecht schadlos hält für das, was sie tagtäglich an Versagung zu ihrem Erhalt zu leisten hat. Und dann erst die harsche Religionskritik: Die Religion als Zwangsneurose, die religiösen Ideen als Wahnvorstellungen! Was die einen kränkt, vermag die anderen zu faszinieren: An der Psychoanalyse sei nichts wahr, außer ihre Übertreibungen, heißt es bei Theodor Adorno.[26] Originell ist die Freud'sche Lehre allemal – wenn auch bisweilen frauenfeindlich. Der Männerbund, der im Herbst 1902 in Freuds Wohnung zusammentraf, schien sich jedenfalls köstlich dabei amüsiert zu haben, die verschlungenen Wege des Sexuallebens der Frauen psychoanalytisch zu ergründen:

Der Meister [Freud]: „Ein mir bekanntes, geistreiches Mädchen rauchte leidenschaftlich. Darüber zur Rede gestellt, vertheidigte sie sich in einem reizenden Gedichte. Der Sinn desselben war

8. Sigmund Freud, Radierung von Pollak nach einem Foto, 1914

kurz und bündig: Ich rauche so viel, weil ich so wenig geküsst werde."

Der Unruhige [Stekel]: „Das kann einen doppelten Sinn haben. Der Nicotingenuss scheint unser Liebesbedürfnis herabzusetzen. Es sind Fälle bekannt …"

Der Meister: „Ich weiß, wo Sie hinauswollen. Wir wissen es alle. Deshalb die ewige Gegnerschaft unserer Frauen gegen das Rauchen!"

Der Bequeme [Max Kahane]: „Das ist köstlich! Und die Vorwürfe, der Rauch der hafte an den Vorhängen …"

Der Meister: „ … sind ein Vorwand!"

Der Unruhige: „Ein Vorhang, der uns den wahren Zusammenhang verschleiern soll." (*Alle lachen*)[27]

23

post scriptum

„Die Cigarette
Wir Frauen rauchen meistens nur,
Auf daß die Zeit vergeht,
Und unser Herz den harten Kampf
Mit seiner Glut besteht.

Unweiblich nennt ihr's, wenn wir oft
Einsam und traurig rauchen,
Und manchen Liebesseufzer stolz
In Cigaretten hauchen.

O glaubet mir, daß unser Mund
Möchte' gerne Süß' res nippen
Zu Cigaretten greifen oft
Die ungeküßten Lippen". [28]

Das „geistreiche Mädchen" war Anna von Lieben,
die dieses Gedicht verfasst hat.

Schauplätze

9. Stiegenaufgang Eingangsportal Haus Berggasse 19

Schauplatz 1

Das Sigmund Freud Museum:
Mehr als nur eine historische Gedenkstätte

Inge Scholz-Strasser

Die Berggasse 19 im neunten Wiener Gemeindebezirk zählt zu
den weltweit bekanntesten Adressen und gilt als „Geburtsstätte
der Psychoanalyse". In dem typisch bürgerlichen Haus aus der
Gründerzeit lebte und arbeitete Sigmund Freud von 1891 bis
1938. Hier entwickelte der Begründer der Psychoanalyse die
Grundlagen einer neuen Wissenschaft vom Menschen. Heute
ist dies der Sitz der Sigmund Freud Privatstiftung, die als unab-
hängige wissenschaftliche und kulturelle Institution gegründet
wurde. Die Privatstiftung betreibt das Sigmund Freud Museum
mit angegliedertem Wissenschaftszentrum, das international
hohe Anerkennung genießt und jährlich mehr als 65.000 Gäste aus aller Welt anzieht. Das Sigmund Freud Museum hat es
sich zum Ziel gesetzt, sein kulturelles Erbe zu erhalten und zu
präsentieren sowie wissenschaftlich zu erforschen.

War das 1971 gegründete Museum in der Anfangsphase
noch auf einige wenige Räume beschränkt, die Freud bis zu
seiner Vertreibung durch die Nationalsozialisten 1938 bewohnte, so ist heute ein Großteil des Arbeits- und Wohnbe-
reichs für Besucher und Besucherinnen zugänglich. Die Ge-
samtfläche beläuft sich auf rund 720m², die Ausstellungsfläche
umfasst 280m². In den 1990er-Jahren wurden die Räume ausgebaut und adaptiert. Die bauliche Erweiterung ermöglichte
eine konzeptuelle Neuorientierung: Einem zeitgenössischen
Architekturkonzept verpflichtet, ist es dem Architekten Wolfgang Tschapeller im Zuge des Umbaus gelungen, die historische Substanz der bürgerlichen Wohnung des späten 19. Jahrhunderts gleichermaßen zu bewahren wie neuen Funktionen
gegenüber offen zu halten. Die bauliche Erweiterung und die

architektonische Umgestaltung vollzog sich in mehreren Etappen. Heute stehen den Besucherinnen und Besuchern ein Saal für Wechselausstellungen, Symposien, Vorträge, Filmvorführungen sowie eine Bibliothek, ein Medienraum und ein Museums- und Bookshop zur Verfügung. Die Einrichtung der einzelnen Räume entstand in Zusammenarbeit mit den Künstlern Peter Sandbichler und Werner Feiersinger.

Das Sigmund Freud Museum zeigt seit 1971 in den ehemaligen Praxisräumen eine Dauerausstellung zu Leben und Werk Sigmund Freuds. Zahlreiche Schrift- und Bilddokumente, ein Privatfilm und ein repräsentativer Ausschnitt aus seiner Antikensammlung sowie Objekte aus Freuds persönlichem Besitz vermitteln biographische Einblicke und Kenntnisse zur Entstehung der psychoanalytischen Theorie und Praxis. Über die ständige Ausstellung hinaus beleuchten wechselnde Ausstellungen und Projekte wissenschaftliche, künstlerische sowie kulturhistorische Fragestellungen, die mit dem Werk Sigmund Freuds verknüpft sind. Somit erwartet den Museumsbesucher und die Besucherin keine bloße Gedenkstätte für Freud-Fans, sondern ein Ort der vielfältigen und lebendigen Auseinandersetzung mit einer der wichtigsten Denkschulen des vorangegangenen Jahrhunderts.

Im September 1891 zog Sigmund Freud mit seiner Familie in das neu erbaute Haus in der Berggasse 19 im Mezzanin ein. Er war damals 35 Jahre alt und wohnte und arbeitete in diesem Räumen bis zu seiner Flucht vor den Nationalsozialisten im Juni 1938. Die Familie Freud konnte die gesamte Einrichtung ins Exil mitnehmen und hinterließ leere Räume. Durch die Vertreibung war ein materiell entkernter Ort entstanden, dessen Leere einen starken Kontrast zu seiner symbolischen Aufladung bildete. Nach der Emigration Freuds zogen neue Parteien in die leeren Räume ein, die zum Teil bis 1986 dort lebten. Dreiunddreißig Jahre nachdem Freud die Wohnung verlassen hatte, wurde das Sigmund Freud Museum in Anwesenheit von Anna Freud, der jüngsten Tochter Sigmund Freuds, eröffnet. Sie stellte für die Gestaltung der Räume die Vorzimmer- und Wartezimmereinrichtung zur Verfügung und legte mit einer großzügigen Buchspende den Grundstock für die wissenschaftliche Forschungseinheit, die heute Voraussetzung für die intensive Ausstellungstätigkeit des Museums ist.

Bis heute muss der Gast am Haustor an der Glocke läuten, um das Haus betreten zu können und auf den Spuren Freuds in den ersten Stock zu gelangen. Zunächst sieht man ein dunkles Stiegenhaus, an dessen Ende eine Tür mit prächtigen Fenstern aus geätztem Glas der Jahrhundertwende in einen typischen Wiener Hinterhof führt. „Die Steintreppe war geschwungen. Es gab zwei Türen auf dem Absatz. Die rechte war die Ordinationstür des Professors, die linke die Freud'sche Familientür. Sichtlich hatte man die beiden Wohnungen so eingeteilt, dass es möglichst wenig Durcheinander zwischen Familie und Patienten oder Schülern gab; da war der Professor, der uns gehörte; und da war der Professor, der seiner Familie gehörte; es war eine große Familie, mit Verzweigungen, Anverwandten, entfernten Angehörigen, Freunden der Familie."* Bevor man in das Museum gelangt, muss man – wie damals auch Freud – in den ersten Stock hinaufgehen und erneut an einer Klingel läuten, damit einem die Türe geöffnet wird. Der Gast tritt unmittelbar in das ehemalige Vorzimmer der Privatwohnung Sigmund Freuds, das mit Originalkästen, einer Anrichte und einem darüber befindlichen Spiegel ausgestattet ist. Nun kann man sich für ein Führungsbuch in fünf Sprachen oder einen Audioguide in Deutsch oder Englisch entscheiden und sich mit einer verwinkelten Wiener großbürgerlichen Wohnung vertraut machen. Hat man sich vorab telefonisch für eine Führung angemeldet, kommt man in den Genuss eines Museumsrundgangs durch geschultes Fachpersonal.

Ganz gleich, für welche Vermittlungsform sich die Besucher und Besucherinnen entscheiden, die Tour durch das Museum nimmt in etwa 60 Minuten in Anspruch. Geht man nun vom Vorraum durch den Museumsshop und anschließend nach

* Hilda Doolittle: Huldigung an Freud: Rückblick auf eine Analyse; mit den Briefen von Sigm. Freud an H.D./eingel. v. Michael Schröter. Frankfurt/M.: Ullstein, 1976 (S. 35).

rechts, so gelangt man in den ältesten Teil des Museums: Hier befinden sich die historischen Kernräume, die ehemalige Praxis Sigmund Freuds (mit dem Vorzimmer, dem Wartezimmer, dem Behandlungszimmer und dem Arbeitszimmer). Wer zu Freud in Analyse kam, betrat seine Praxis durch diesen Flur und begab sich dann weiter in das Wartezimmer. Aber nicht nur Patienten und Patientinnen, sondern auch Freunde wie Arthur Schnitzler, Stefan Zweig und Lou Andreas-Salomé sowie internationale Gäste wie Thomas Mann, Romain Rolland und Yvette Guilbert gingen durch diesen Eingang, um im Wartezimmer Platz zu nehmen. Durch diese Eingangstüre – auf der Innenseite mit schweren Eisengittern ausgestattet – verließ Sigmund Freud die dunkle Winterwohnung, um in den Domizilen am Rande Wiens die Sommer zu verbringen, wo er analysierte und schrieb.

Das Eingangszimmer zur ehemaligen Ordination ist der einzige Raum, der noch weitgehend die Ausstattung zeigt, wie sie von der Familie Freud 1938 hinterlassen wurde. Der schmale Flur verdankt es wohl seiner Unscheinbarkeit, dass die alle Wände umlaufende, bastbespannte Vertäfelung und die Wandgarderobe über die vielen Jahre und Jahrzehnte hinweg erhalten geblieben sind und somit alle Umgestaltungen und Renovierungsarbeiten der nach 1938 eingezogenen Bewohner und Bewohnerinnen überdauert haben. Der Museumsbesucher sieht dort heute einen Spazierstock, einen Hut, ein Plaid, einen Flachmann sowie das Reisegepäck Sigmund Freuds. Zu Freuds bevorzugten Reisezielen gehörten die Schauplätze der klassischen Antike in Italien. Reisen, das Freud so wie das Sammeln zu seinen stärksten Leidenschaften zählte, war für ihn Erholung, Inspiration und neue Forschungsmöglichkeit zugleich.

Der nächste Raum in dieser verwinkelten, labyrinthisch anmutenden Wohnung ist das Wartezimmer – in diesem Zimmer warteten die Patienten und Patientinnen Freuds auf ihre Analysestunden – darunter auch der „Wolfsmann", mit bürgerlichem Namen Sergej Pankejeff. Aber auch in anderer Hinsicht ist dieser Raum von Bedeutung: Ab 1902 versammelte sich hier die so genannte „Mittwoch-Gesellschaft". An ihren

10. Eingangszimmer der ehemaligen Praxisräumlichkeiten Sigmund Freuds

Diskussionen nahmen nicht nur Ärzte teil, sondern auch Schriftsteller und Intellektuelle. Aus diesem Kreis ging 1910 die Wiener Psychoanalytische Vereinigung hervor, nach deren Vorbild sich in der Folge in nahezu allen Ländern Europas und in Amerika psychoanalytische Vereinigungen bildeten. Die zahlreichen Ehrungen an den Wänden und die Gruppenfotos der ersten psychoanalytischen Kongresse zeugen von den Anfängen der Institutionalisierung und Anerkennung der Lehren

11. Wartezimmer der Praxis von Sigmund Freud

Freuds. Die Bilder berichten von den Freundschaften und Bekanntschaften, die Freud pflegte, seien es private wie mit dem
Archäologen Emanuel Löwy oder wissenschaftliche wie die
mit Albert Einstein. Einige geben Einblick in die kulturhistori-
schen Interessen Freuds, wie die über dem Sofa hängende
Darstellung der „Vier Elemente" von Christofordall' Aqua. Be-
merkenswert sind die Urkunde, die die Verleihung zum Bürger
der Stadt Wien dokumentiert und die Freud zum siebzigsten
Geburtstag verliehen wurde und der Stich von A. L. Krüger
nach einem Gemälde von Rembrandt: Es zeigt Moses mit den
Gesetzestafeln, vom Berg Sinai kommend. Dieses Bild des Pro-
pheten erinnert an die vielgestaltige Auseinandersetzung
Freuds mit seinem eigenen Judentum. Zunächst war es die
Skulptur des „Moses" von Michelangelo, an der er 1914 eine
Deutung des Kunstwerks unternimmt. Ausgehend von unwe-
sentlich erscheinenden Details wie der Darstellung einer Hand
gelangt er zu einem neuen, nicht vom Zorn, sondern von der
Beherrschung gezeichneten Bild der Moses-Figur. Das beson-

12. Bibliothek im Sigmund Freud Museum

dere Interesse, das er Moses als Befreier, Gesetzesgeber und Religionsgründer entgegenbringt, spiegelt sich in seinem letzten, in den 1930er-Jahren entstandenen Buch „Der Mann Moses und die monotheistische Religion". In Freuds Leseart der biblischen Geschehnisse wird Moses von den Juden, die seine strengen, aus Ägypten stammenden Gesetze nicht ertragen wollen, ermordet. Freud konstruiert so eine für den Monotheismus traumatische Vorgeschichte, die von Verdrängung und Triebverzicht gekennzeichnet ist.

An der Rückwand des Wartezimmers im heutigen Museum befindet sich eine Vitrine, in der ein Teil von Freuds Antikensammlung ausgestellt ist. Er begann Ende der 90er-Jahre des 19. Jahrhunderts, Antiquitäten zu sammeln. Seine Sammlung wuchs so rasch, dass sich seine Arbeitsräume bald in ein „archäologisches Kabinett" verwandelten. Freuds Antikensammlung umfasste bei seiner Emigration rund 3000 Exemplare. Die Antiken stehen für seine Leidenschaft für die Archäologie und für seine Beschäftigung mit dem Finden, Freilegen

13. Bücherwand in der Bibliothek im Sigmund Freud Museum

und Deuten. Die gezeigte Sammlung schenkte Anna Freud dem
Sigmund Freud Museum zur Eröffnung 1971. Sie umfasst ägypti-
sche, mesopotamische, griechische, römische, etruskische, aber
auch chinesische und andere außereuropäische Stücke.

Die Bedeutung der Antikensammlung kommt in den beiden folgenden Zimmern zum Tragen: Im Behandlungs- und
im Arbeitszimmer. Einen Eindruck, wie es hier vor Freuds Emigration 1938 ausgesehen hat, vermittelt die Fotodokumentation
mit Aufnahmen von Edmund Engelman. Umringt von den vie-

len Antiquitäten und Bildern stand im Behandlungszimmer die Couch, die Freud seit den 1890er-Jahren für seine Analysesitzungen verwendete. Heute befindet sich die Couch in London in Maresfield Gardens 20, wo Freud bis zu seinem Tode im Jahr 1939 im Exil lebte und das Mitte der 1980er-Jahre in das Freud Museum London umgestaltet wurde. Das Arrangement im Behandlungszimmer gibt jedoch einen lebhaften Eindruck von den Arbeitszusammenhängen Freuds, die in der Engelmanschen Fotodokumentation eindrucksvoll veranschaulichen, in welchen Lebens- und Schaffenszusammenhängen der Begründer der Psychoanalyse seine Theorien entwickelt hat. Die Zeit, die seine Analysestunden übrig ließ, verbrachte Freud meist in seinem Arbeitszimmer. Außer sonntags machte er hier bis spät in die Abendstunden seine Notizen über die Patienten und Patientinnen und arbeitete an seinen Schriften. In diesem Raum befand sich auch seine umfangreiche Bibliothek, die neben medizinischer und psychologischer Literatur viele klassische Autoren aus Philosophie und Literatur sowie archäologische und historische Publikationen beinhaltete. Zu seinem Arbeitsplatz gehörte auch der Schreibtischsessel, der hier in einer Nachbildung neben dem Fenster steht. Er wurde von Felix Augenfeld eigens für Freud gefertigt und vereint die beiden Funktionen, die das Zimmer für Freud besaß: Denn es erlaubte ihm, sich von der Schreibposition unmittelbar in eine besonders eigenwillige Leseposition zu begeben. Augenfeld beschreibt dies folgendermaßen: „Sigmund Freud hatte die Gewohnheit, in einer sehr ungewöhnlichen und unbequemen Körperhaltung zu lesen. Er lehnte in diesem Sessel in einer Art Diagonale, eines seiner Beine über die Armlehne geschwungen, das Buch hochgehoben und den Kopf ohne Unterstützung. Die etwas merkwürdige Form, die ich dem Sessel gab, erklärt sich draus, dass ich versuchte, ihm die gewohnte Sitzhaltung weiterhin zu ermöglichen, sie aber bequemer zu machen." *

---

* „The Bizarre Chair: A Slant on Freud's Light Reading in the 1930s" (S. 252) in: Gilman et al. (Eds.): Reading Freud's Reading. New York and London. New York University Press, 1994 (S. 252–265).

Entlang der mittleren Ebene der flachen Wandvitrinen im Behandlungs- und Arbeitszimmer sind Erstausgaben und faksimilierte Briefe Freuds ausgestellt, anhand derer sein Leben und Werk dokumentiert werden.

Verlässt man die ehemalige Praxis Sigmund Freuds, so gelangt man zu einem modern gestalteten Videoraum, der früher als Abstellraum der Familie Freud gedient hat und heute noch mit den Originalbodenfliesen ausgestattet ist. Hier wird eine Zusammenstellung von Originalfilmen mit Freud und seiner Familie aus den 1930er-Jahren gezeigt, die von Anna Freud in einer von ihr selbst kommentierten Fassung bereitgestellt wurde. Das 25-minütige Filmdokument ist exklusiv nur im Freud Museum London und in Wien zu sehen. Der gesamte straßenseitig gelegene Teil des Sigmund Freud Museums, in dem heute ein Raum für Ausstellungen sowie der Veranstaltungssaal untergebracht sind, diente früher als Ordinationsraum von Anna Freud, fungierte als Speisezimmer der Familie und ein weiterer Teil wurde von Tante Minna bewohnt. Minna Bernays war eine Schwägerin Freuds, die nach dem Tod ihres Verlobten zur Familie Freud zog und die Kinder betreute. Während Freud in den 1890er-Jahren an seiner „Traumdeutung" arbeitete, war Minna für ihn zusammen mit seinem Freund Fließ eine der wenigen intellektuellen Bezugspersonen. Als begeisterte Grammophonspielerin bewohnte sie, um Konflikten vorzubeugen, dieses Zimmer, da es am weitesten von Freuds Praxis entfernt lag. Heute befindet sich hier, wenn keine Wechselausstellungen stattfinden, ein Informationsraum für die Museumsgäste. Die Interessierten finden eine Auswahl von Literatur und Medien zur Geschichte der Psychoanalyse vor. In diesen Räumen sind auch einige Werke der zeitgenössischen Kunstsammlung ausgestellt: die Contemporary Art Collection, Sigmund Freud Museum Vienna. 1989 zum fünfzigsten Todestag Freuds gegründet und 1997 erstmals erweitert, beinhaltet die Sammlung insgesamt 14 Arbeiten von den Künstlern Joseph Kosuth, Franz West, Heimo Zobernig, Clegg&Guttmann, John Baldessari, Jessica Diamond, Sherrie Levine, Jenny Holzer,

14. Medienraum Sigmund Freud Museum

Heim Steinbach, Georg Herold, Pierpaolo Calzolari und Ilya Kabakov. In der Zusammenstellung ging es nicht um Freuds biografisches Verhältnis zur Kunst und dessen Illustration, vielmehr versuchen die Arbeiten, eine mögliche Annäherung zwischen Gegenwartskunst und Psychoanalyse nachzuzeichnen. Seit 2002 präsentiert das Museum unter dem Titel *A View from Outside – Außenansicht* eine Reihe von temporären Installationen in einem straßenseitig gelegenen Geschäft des Hauses Berggasse 19. Arbeiten internationaler Künstler und Künstlerinnen wie Joseph Kosuth, Louise Bourgeois, Clegg&Guttmann, Ernesto Neto und Monika Sosnowska wurden hier gezeigt.

Das Forschungszentrum des Museums ist mit einer umfangreichen Bibliothek, einem Text-, Bild- und Medienarchiv ausgestattet. Durch Ankäufe und Schenkungen von Nachlässen entstand innerhalb von drei Jahrzehnten eine der bedeutendsten Studienbibliotheken zur Psychoanalyse und der mit ihr verwandten Gebiete. Wie schon der Schwerpunkt zeitgenössische Kunst anzeigt, so hat sich das Museum in den letzten Jahren auf interdisziplinäre Ansätze konzentriert. Vorträge, Tagungen, Diskussionen und Filmprogramme fördern die Auseinandersetzung mit den unterschiedlichsten Aspekten. Der internationale Wissenschaftsaustausch wurde durch die Verbindungen zu europäischen und außereuropäischen Universitäten intensiviert und ein Programm für Gastwissenschaftler mit der Fulbright Kommission eingerichtet.

Der Ort Berggasse 19, ein labyrinthisch anmutendes Raumagglomerat, stellte den Architekten Wolfgang Tschapeller bei der Vergrößerung des Museums 1996 vor eine beachtliche Herausforderung: Jeder Eingriff erwies sich als Gratwanderung zwischen Akzentuierung und Zerstörung von Vorgefundenem. Straßenseitig entstand durch Herausnehmen von Zwischenwänden ein großer Vortrags- und Ausstellungssaal. Im Mittelpunkt steht eine Wand, auf Schienen geführt, die an Stelle der herausgenommenen, ursprünglichen Wände treten kann und sich an beliebig viele andere Positionen im Saal verschieben lässt. Diese bewegliche Wand bleibt aber ein autonomer, frei stehender Körper: Von Werner Feiersinger halbtransparent in Stahl und Plexiglas ausgeführt, auf einer Seite Vitrine und weder bis zur Decke noch bis zu den Seitenwänden reichend. Sie strukturiert als bildhauerisches Objekt den Raum immer neu, gemäß den Bedürfnissen der Ausstellungen, Symposien und Veranstaltungen. Verlassen die Besucher die 280m² große Schaufläche, so nehmen sie vielfältige und unterschiedliche Eindrücke mit – die niemals dem Phantasma des Ortes entsprechen werden – hängt es doch von der Tageszeit, der Besuchsdichte, dem Lichteinfall und der Stimmung ab, in der man sich befindet, wenn man sich der Aura dieser Räume durch einen persönlichen Besuch annähert.

15. Franz West: Liege, 1989

Originalcouch, Sigmund Freud Museum, London.

Schauplatz 2

Berggasse 19:
Das Erfolgsrezept der Firma Freud

„Ich muß in dem Stil weiterleben,
viel zu wagen, viel zu hoffen, viel zu arbeiten."[29]
Sigmund Freud

1090, Berggasse 19,
Sigmund Freud-Museum

Es war im Jahr 1891, als die Familie Freud in die Berggasse 19
zog[30] und dort fast ein halbes Jahrhundert, bis zur Emigration
1938, wohnhaft bleiben sollte. Die Berggasse wurde damit zum
Geburtsort der Psychoanalyse und zur Zentrale ihrer internationalen Zweigstellen. Sie lag in einem Bezirk, der sich zu diesem Zeitpunkt in einer Neubauphase befand. Das Haus Nr. 19,
Freuds Domizil, war gerade fertiggestellt worden. Am unteren
Ende der Straße gab es einen Markt, am oberen befand man
sich bereits in unmittelbarer Nähe zur Universität und zum
Prachtboulevard der Ringstraße. 1891 bestand die Familie aus
drei Kindern, einer Tochter und zwei Söhnen, zu denen bis
1895 noch drei weitere, diesmal ein Sohn und zwei Töchter
hinzukamen.[31] Die Namenswahl oblag, in patriarchaler Tradition, dem Vater. Die Buben wurden nach von ihm bewunder-
ten Personen benannt, die Mädchen nach Gattinnen oder
Töchtern von Freunden oder verehrten Professoren: Mathilde
nach der Frau des Mentors, Josef Breuer, Jean-Martin nach
dem Pariser Arzt und Vorbild Charcot, Oliver nach dem englischen Staatsmann Cromwell, Ernst nach Freuds Lehrer Brücke,
Sophie nach der Nichte und Anna nach der Tochter seines Re-
ligionslehrers Samuel Hammerschlag.[32] Nach sechs Geburten
in nur neun Jahren war Martha mit Nachwuchs und Haushalt
eingedeckt, Sigmund versuchte, eine wissenschaftliche Karriere

16. Amalia Freud um 1885

aufzubauen und die ständig wachsende Familie zu finanzieren, was nur langsam und mit Schwierigkeiten gelang. Mitte der 1890er-Jahre bekam die Familie nochmals Zuwachs, nun allerdings durch die jüngere, ledige Schwester Marthas, Minna Bernays (1865– 1941).[33] Sie war das erste weibliche Familienmitglied, das als inoffizielle Privatsekretärin Freuds fungierte.[34] Diese Rolle sollte später von Anna, der jüngsten Tochter, zur Perfektion gebracht werden. Im Unterschied zu Ehefrau Martha wurde die Schwägerin Minna für Freud in Bezug auf sein Arbeitsfeld eine wichtige Gesprächspartnerin. Ihre Solidarität, ihr Glauben an ihn und seine Karriere und nicht zuletzt die Kommunikation mit dem Schwager sind wesentlicher, wenngleich nicht zu rekonstruierender Bestandteil in der Entwicklungsgeschichte der neuen Lehre. Für die Biografen wurde Minna ebenfalls zu einer Herausforderung. Das Rätsel, ob sie nicht nur Schwägerin, sondern auch Geliebte des Seelenarztes war, konnte nie gelüftet werden. Tatsache hingegen war, dass ihr Zimmer gleich neben dem ehelichen Schlafzimmer lag und Minna dieses erst durchqueren musste, wollte sie in den Salon, das Badezimmer oder die Küche.[35] Die Arbeitsteilung im Freud'schen Haushalt war klar geschlechtsspezifisch geregelt: Martha sorgte sich um die mütterlichen Pflichten, Minna begleitete Freud in seinen Gedanken und auf Reisen und für die Küche gab es weibliches Personal. Alles wurde in weiser Rücksicht auf den Pater familias mit Fleiß und Fürsorge auf diesen hin arrangiert. Freuds Karriere ist

17. Freuds Schwestern 1863

18. Sigmund Freud im
Alter von sieben
Jahren

ohne derartige weibliche Unterstützung geradezu undenkbar.
Die Wohnung war durch die vielen Kinder mit lebendigem
familiärem Leben erfüllt. Sigmund Freud war den Alltag in
einer weitgehend weiblichen Großfamilie gewohnt. Er war als
Liebling seiner Mutter Amalia zusammen mit einem Bruder
und fünf Schwestern aufgewachsen. Seine ersten drei Lebens-
jahre hatte er im mährischen Příbor verbracht.[36] Amalia war
um zwanzig Jahre jünger als ihr Ehemann Jacob und auch jünger als dessen ältester Sohn aus erster Ehe.[37] Derart waren
komplexe Familienbeziehungen bereits in der Kindheit prä-
gend vorgegeben. Jacob Freud war von Beruf Wollhändler, zog
1860 mit der Familie, wie viele andere aus den Kronländern,
nach Wien, um den Lebensmittelpunkt von der Peripherie ins
Zentrum zu verlegen.

Trotz enger Wohnverhältnisse und zahlreicher Geschwister
wurde Sigmund als erster Sohn bevorzugt behandelt und besaß ein eigenes Zimmer. In der Schule Klassenprimus benahm
er sich gegenüber seinen Geschwistern, vor allem den weiblichen, oft autoritär und herrschsüchtig.[38] In den Briefen an

43

19. Martha Freud, geb. Bernays, 1884

seine Verlobte stellte er diesen Charakterzug ebenfalls fest: „[…] aber ich muß mir doch sagen, daß ich einen tyrannischen Zug in meinem Wesen habe, daß es mir furchtbar schwerfällt, mich unterzuordnen."[39] Als Ältester folgte er der familieninternen Aufstiegsorientierung und absolvierte ein Medizinstudium. 1886 heiratete er im Alter von 30 Jahren Martha Bernays (1861–1951). Sie entstammte einer jüdischen Hamburger Gelehrtenfamilie. Ihre Herkunft entsprach also jenem Milieu, in das Sigmund Freud, vom eigenen galizischen orthodoxen jüdischen Händlertum wegstrebend,[40] aufsteigen wollte. Vorerst fehlte ihm zu einer Hausstandsgründung allerdings das Geld. Nach über vierjähriger Wartezeit, von der das Paar drei Jahre durch die räumliche Entfernung getrennt verbringen musste, zog Martha vom norddeutschen Wandsbek endlich zu Sigmund nach Wien. Für Freud, in dessen späterer Theorie die Sexualität eine wichtige Rolle spielte, musste diese Zeit der Enthaltsamkeit eine große Herausforderung gewesen sein. In den Briefen,[41] die er der Braut in der Verlobungszeit schrieb, war sie sein geliebtes „Prinzesschen", das die Herrscherin des Haushalts werden sollte, während er sein Imperium in der Welt errichten wollte. Die Arbeitsaufgaben trennte er klar: „Soll ich mir mein zartes, liebes Mädchen zum Beispiel als Konkurrenten denken; das Zusammentreffen würde doch nur damit enden, daß ich ihr, wie vor siebzehn Monaten sage, daß ich sie lieb habe und daß ich alles aufbiete, sie aus der Konkurrenz in die unbeeinträchtigte stille Tätigkeit meines Hauses zu ziehen".[42] Dieser Versuch gelang! Martha war die zentrale Säule der Familie und perfekte Managerin des Haushaltes. Sie kümmerte sich um jedes Detail des Alltags. In den 1920er-Jahren rollte sie allmorgendlich die Zahnpastatube für ihren Mann weiter auf[43] und half ihm beim An- und am Abend beim Ausziehen des Gewandes. Die Tochter Anna wiederum setzte dem Vater morgens die Prothese ein, die er seit seinen Krebsoperationen tragen musste und begleitete ihn beim Mittagsspaziergang.[44] Das Essen musste pünktlich um 13 Uhr serviert werden. Freud liebte italienische Artischocken, gekochtes Rindfleisch und Zwiebelrostbraten, verachtete jedoch Hühnerfleisch.[45] Bei den samstäglichen Tarockpartien fungierte Schwägerin Minna zusammen mit einem ausgewählten intimen Kreis als Partnerin.[46] Am Telefon aber meldete sie sich mit „Frau Professor Freud".[47] Zudem beschäftigte man eine Köchin, eine Aufwarte- und Reinemachefrau, eine Gouvernante für die älteren und ein Kindermädchen für die jüngeren Kinder.[48] Das Leben verlief in den traditionellen Bahnen eines paternalistisch geregelten Alltags.

20. Martha und Sigmund Freud anlässlich ihrer Verlobung 1882

Abgesehen von einer Kieferkrebserkrankung, die ihn seit 1923 plagte, wurde Sigmund Freud sein Leben lang von ständigen Unpässlichkeiten wie einer chronischen Verstopfung, Rheumatismus und schwerer Migräne begleitet.[49] Ein anhaltender Stirnhöhlenkatarr quälte ihn ebenso wie in späteren Jahren eine Störung der Prostata.[50] Zudem litt er unter Depressionen und Apathie[51]. Seine Unsicherheit und Ängste versuchte er in jungen Jahren mit Hilfe von Kokain zu vertreiben.[52] Wurden die eigenen psychischen Konflikte zu intensiv, entzog er sich ihnen mitunter durch Ohnmacht.[53]

1908 übernahm Freud die an seine Wohnung in der Berggasse anschließenden Räumlichkeiten, was die Quadratmeterzahl auf 400 erhöhte. Leben und Arbeiten lagen räumlich dicht nebeneinander. Die Wohnung entwickelte sich zu einer allumfassenden Institution. Sie diente gleichzeitig als Arbeits-, Inspirations- und Rekreationsraum sowie als Schaltstelle in die europäischen Länder und die USA. Sie funktionierte wie eine Firma, deren wichtigste Arbeitsbereiche nach und nach von absolut loyalen Frauen übernommen wurden, was wesentlich zum Erfolg der Psychoanalyse beitrug. Die Berggasse 19 war Publikationsstätte, Korrespondenzzentrum in die internationale psychoanalytische Community und der Treffpunkt des so genannten Komitees, einer kleinen Runde intimer männlicher Kollegen. Auch die Mittwoch-Gesellschaft, die Vorläuferin der Psychoanalytischen Vereinigung, tagte hier. Die Diskussionsthemen kreisten um Psychoanalyse, eigene Erfahrungen und Allgemeines aus Kultur und Wissenschaft. Freuds neue Theorien konnten nur im produktiven Dialog mit seinen zahlreichen Kommunikationspartnern und -partnerinnen entwickelt werden. Die Psychoanalyse kann demnach als Resultat einer Teamarbeit verstanden werden.

Nach der Geburt von sechs Kindern – man betrieb keine Verhütung – musste Freud offensichtlich seine Libido sublimieren.[54] Seine „Triebfeder" beschrieb in erster Linie Papier und formulierte die Theorien der Psychoanalyse, deren Inhalt er aus der Arbeit mit seinen Patientinnen entwickelte. Nicht zuletzt war die Wohnung durch das Behandlungszimmer mit seiner Couch jener Ort, wo Hilfesuchende ihre Träume träumten und sich zu den Grabungsarbeiten in die Bergwerke der Seele begaben. Da sich nur wohlhabende Personen aus dem gehobenen Mittelstand und dem Großbürgertum einen derartigen Luxus leisten konnten, war die Psychoanalyse eine elitäre Angelegenheit, die dennoch nicht immer zum Erfolg führte. Der gute Geist des Hauses, Paula Fichtl, konstatierte diesbezüglich: „Komisch, dass sich so viele von den Patienten vom Fräulein und vom Herrn Professor das Leben g'nommen haben."[55]

Die Einrichtung der Wohnung entsprach dem gebildeten Mittelstand. Im Gegensatz zur Moderne aber umgab man sich bei Familie Freud mit Konservativismus und Tradition. Das 19. Jahrhundert hatte die Räume noch nicht verlassen.[56] Die Liebe zur Antike spiegelte sich in Freuds Sammelleidenschaft wider. Überall standen antike Skulpturen und Statuetten.[57] Sie fügten sich optisch gut zum Selbstverständnis seiner Arbeit, die er mit jener der Archäologen verglich: Sie entfernen eine Schicht nach der anderen, bevor sie zu den verborgenen Schätzen vordringen können.[58] Die berühmte Couch, auf der seine Klientel lag, um die Grabungsarbeiten in das weite Land der Seele im Liegen voranzutreiben, erinnert in ihrem Farbtönen an die Üppigkeit vergangener Zeiten oder an einen orientalischen Diwan. Freuds Tag dauerte in der Regel bis ein Uhr nachts. Bis dahin hatte er zahlreiche Zigarren geraucht, im Schnitt 20 Stück.[59] Es war eine Sucht, die er im Alter von vierundzwanzig Jahren begann und die auch in seinen Augen

21. Sigmund Freud mit Zigarre

22. Paula Fichtl, das Hausmädchen, 1932

nichts anderes als eine Ersatz-befriedigung darstellte.[60] An den Abenden der Mittwoch-Gesellschaft, an denen sich eine Gruppe von Freuds Mitstreitern traf, war die Luft mit dickem Nebel gefüllt. Wie in den Café-häusern durchzogen Rauch-schwaden den Raum und schie-nen die Gedanken noch dichter zu machen. Jeden Morgen, wenn Paula Fichtl in den 1930er-Jahren das Arbeitszim-mer Freuds betrat, lag auch hier kalter Rauch schwer über dem Schreibtisch.[61] Paula Fichtl, die für die amerikanische Millionärin und enge Freundin der Freud-Familie, Dorothy Burlingham, als Kindermädchen gear-beitet hatte, kam 1929, von dieser empfohlen, als Dienstmäd-chen zur Familie Freud.[62] Sie wurde eine weitere wesentliche Stütze des Haushalts. Paula Fichtl sollte die Freuds auch in der Emigration nicht verlassen und den Rest ihres Lebens mit Anna Freud und Dorothy Burlingham in London verbringen. In der Berggasse stand ihr Bett am Gang zwischen Ordination, Behandlungsraum und Wartezimmer. Jeden Abend verwan-delte sie die Sitzbank durch ihr Bettzeug in eine Schlafstätte.[63] Am Morgen servierte sie das Frühstück und öffnete den Pa-tientinnen die Tür. Ab den 1920er-Jahren, als die Kinder mit Ausnahme Annas durch Heirat ausgezogen waren, lebte Sig-mund Freud in einem reinen Frauenhaushalt.

Der Personenverkehr zu Freuds Praxis in das Hochparterre der Bergasse 19 war nach dem Ersten Weltkrieg rege. Freud war ein international anerkannter Modearzt geworden, der nun schon über sechzig Jahre alt war und mit seiner Therapie gutes Geld verdiente. Nach dem Ersten Weltkrieg nahm er vor allem englische und amerikanische Patienten und Patientin-

nen an, da sie ihm harte Währung zahlen konnten und der
Familie den Wohlstand sicherten.[64] Die „Entente-Leute", wie er
sie nannte, waren ihm lieber als die „Mittelmächte-Patienten",
da er mit der von der Inflation betroffenen Wiener, deutschen
und ungarischen Klientel nicht mehr seine Existenz bestreiten
konnte.[65] Während ihr Vater in erster Linie Erwachsene behandelte, arbeitete Anna Freud mit Kindern. Eines davon, Peter Heller erinnerte sich: „Und nun hinein, einen dunklen
Gang lang und zur Rechten ins Zimmer der Anna Freud, vorbei an ihrem nicht gerade unaufgeräumten aber doch vollen
Schreibtisch [...] und zu der Couch mit Teppichbelag und den
braunglänzenden Schonern am Fußende und am Kopfende,
neben dem man, wenn man ausgestreckt lag – sie dahinter in
ihrem Sessel strickend oder häkelnd – zu Linken hinaufschie-
len konnte zu den Nietzsche Bänden [...]".[66] Während Anna
Freud in ihren Therapiestunden fleißig handarbeitete, griff
Freud zu einer Zigarre, wenn er einen guten Einfall hatte. Viele
seiner Patientinnen wie Marie Bonaparte, Lou Andreas-
Salomé, Ruth Mack-Brunswick oder Eva Rosenfeld wurden
selbst erfolgreiche Analytikerinnen und verbreiteten die Lehre
auch in andere Länder. Dorothy Burlingham, eine der langjäh-
rigsten Klientinnen, hatte sogar mit ihren Kindern eine Wohnung über der Familie Freud gemietet. In dieser Hausgemein-
schaft wurden Arbeit und Freundschaft miteinander verknüpft.
Die Berggasse 19 war sowohl ein Ort von Intimität als auch
einer der kommunikativen Öffentlichkeit. Hier wuchs die
Kronprinzessin Freuds, Anna, auf und wurde durch ihren Vater
analysiert. Eiserne Arbeitsdisziplin durchströmte die Räume, in
denen im Winter die Kälte durch die undichten Fenster zog.[67]
   Die Berggasse war jedoch nicht nur ein Ort des regen Aus-
tausches von Freundschaft, sondern auch jener, an dem Sigmund Freud die Trennungen von vielen seiner Kronprinzen
wie Alfred Adler, C. G. Jung oder Wilhelm Fließ beschloss.
1938 musste der durch seine Krebserkrankung schwer ge-
zeichnete, hoch betagte „Vater der Psychoanalyse" seine Wohnung verlassen, um der Verfolgung und dem Terror des Natio-

nalsozialistischen Regimes zu entgehen. Er starb 1939 im Londoner Exil friedlich im Schlaf. Vier seiner Schwestern hingegen, ebenfalls alte Damen, wurden in Wien zurückgelassen und später in Konzentrationslagern ermordet.[68]

Freud meinte in Bezug auf seine Person: „Die Biographen aber sollen sich plagen, wir wollen's ihnen nicht zu leicht machen. Jeder soll mit seinen Ansichten über die ‚Entwicklung des Helden' recht behalten, ich freue mich schon wie sie sich irren werden".[69] Demnach ist wohl eine der besten Quellen zum Verständnis seiner Person seine Lehre und diese wiederum auch ein Spiegel seiner Person. Beide bieten jenes Porträt des Aufbruchs in die Moderne, in dem sich die Ambivalenzen von Freiheitsstreben und patriarchaler Ordnung gegenüberstehen und in dem sich ein Sprachrohr beider Tendenzen, Sigmund Freud, in die Zukunft träumte.

Schauplatz 3

Zwischen Anpassung, Widerstand
und weiblicher Protektion – Professor Freud

> „Aber das Versuchen will ich nicht unterlassen,
> und Du weißt, was man oft versucht und immer will,
> das gelingt dann einmal."[70]
>
> Sigmund Freud

1090 Wien
Universitätscampus Wien

Der heutige Universitätscampus im 9. Bezirk ist ein gelungenes Beispiel für die Synthese alter Bausubstanz und moderner Architektur. Mit der Absiedlung der Universitätskliniken in einen modernen Hochbau am Währinger Gürtel hatten die über zweihundert Jahre alten Gebäude des Wiener Allgemeinen Krankenhauses ihre Funktion verloren. Von Abriss und Neubau auf diesem rund zehn Hektar großen und wertvollen Areal im Herzen der Stadt war die Rede.[71] Doch es kam anders! 1988 schenkte die Gemeinde Wien das Gelände der Universität mit der Auflage, die alten Spitalsgebäude aus dem 17. und 18. Jahrhundert zu erhalten und verschiedenen Nutzungen zuzuführen. Heute befinden sich geistes- und kulturwissenschaftliche Institute sowie ein modern ausgestattetes Hörsaalzentrum auf dem Universitätscampus. Geschäfte, Lokale und gemütliche Innenhöfe mit alten Bäumen und Springbrunnen laden zur Besinnung ein. Als Mahnmal erinnert der vom italienischen Architekten Isidore Canevale 1783/84 im frühklassizistischen Stil entworfene ehemalige „Narrenturm",[72] von den Wienern und Wienerinnen ob seiner runden Gestalt, die einen Kontrapunkt zur sonst streng symmetrischen Anlage darstellt, liebevoll „Gugelhupf" genannt, an den Genius loci vergangener Zeiten: Armenhaus, Soldatenspital, Zentralkrankenanstalt, Universitätsklinikum und Heimstätte der Wiener Schule der Medizin.[73]

23. Allgemeines Krankenhaus mit josephinischem „Narrenturm"

Freud galt als fleißiger, ernsthafter Gymnasiast, hatte es aber
mit dem Abschluss seines Medizinstudiums nicht eilig. Er im-
matrikulierte im Wintersemester 1873 und wurde 1881 in der
Aula der alten Universität, heute Akademie der Wissenschaf-
ten, im 1. Bezirk, Dr. Ignaz-Seipel-Platz 2, zum Doktor der ge-
samten Heilkunde promoviert. Die Bedeutung eines akademi-
schen Grades für die Söhne jüdischer Familien im damaligen
Wien beschrieb Stefan Zweig: „[...] auch der ärmste Hausierer,
der seine Packen durch Wind und Wetter schleppt, wird versuchen, wenigstens einen Sohn unter den schwersten Opfern
studieren zu lassen, und es wird als Ehrentitel für die ganze
Familie betrachtet, jemanden in ihrer Mitte zu haben, der sicht-
bar im Geistigen gilt, einen Professor, einen Gelehrten, einen
Musiker, als ob er durch seine Leistung sie alle adelte."[74] In den
ersten Semestern interessierte sich Freud nicht nur für Medizin, sondern auch für Philosophie, Zoologie und vergleichende
Anatomie. 1876 reiste der spätere Entdecker libidinöser Trieb-
wünsche mit einem kleinen Forschungsstipendium nach Triest,
um dort das Geschlechtsorgan von männlichen Aalen zu

24. Chemisches Institut um 1880

untersuchen. Gegen Ende seines Studiums sowie in der ersten Zeit als Dr. med. betrieb Freud, der damals noch an eine Karriere als Forscher dachte, histologische Untersuchungen und chemische Experimente.[75] Zu den wenigen, heute fast unverändert erhaltenen Wirkungsstätten Freuds in Wien zählt das Chemische Institut, Währingerstraße 10, ein vom Architekten vieler Ringstraßenbauten, Heinrich von Ferstel (1821–1885), errichtetes Gebäude. Auf Ferstels Entwürfe gehen u. a. die Votivkirche und das heutige Hauptgebäude der Universität Wien am Dr.-Karl-Lueger-Ring zurück.[76] Die Universität wurde allerdings erst 1884 fertiggestellt, als Freud bereits Sekundararzt am Wiener Allgemeinen Krankenhaus war. Freuds prekäre finanzielle Situation zwang ihn, von einer akademisch-wissenschaftlichen Laufbahn abzusehen und stattdessen die Niederlassung als Arzt anzustreben.[77]

Um klinische Erfahrung und höhere Reputation für die Eröffnung einer Privatpraxis zu erhalten, bewarb sich Freud um eine Stelle als Aspirant, später als Sekundararzt am Wiener Allgemeinen Krankenhaus. Als Sekundararzt arbeitete er jeweils einige Monate in den verschiedenen medizinischen Abteilungen und hatte damit Anspruch auf eine kleine Wohnung im Spital. Ab Mai 1883 unterstand Freud dem Vorstand der Zweiten Psychiatrischen Klinik, dem berühmten Gehirnanatomen und Psychiater Theodor Meynert (1833–1892). Meynert galt als geniale, aber in hohem Maße barocke Persönlichkeit. Mit einer deklamatorischen, jedes „r" lange dahinrollenden Sprache pflegte er Kollegen morgens mit den Worten „Hat Ihrrr Zentrrralorrrgan derr nötigen Rrrruh genossen?" zu begrüßen.[78] Der Arzt und Schriftsteller Arthur Schnitzler, der nur wenige Jahre nach Freud Arzt in Ausbildung an der Klinik Meynerts war, schrieb über diese Zeit: „Ich führte meine Krankengeschichten in anständiger Weise, nahm an den Visiten teil, las allerlei Einschlägiges, von eigentlicher wissenschaftlicher Arbeit war keine Rede. Von meinem Chef, dem berühmten Professor Meynert, hatte ich wenig Anregung, was vielleicht nicht ausschließlich meine Schuld war. Er war ein großer Gelehrter [...] aber im persönlichen Verkehr mit Kranken [...] rang er mir keine Bewunderung ab."[79] Auch Freud war von Meynerts gehirnanatomischer Richtung der Psychiatrie mit ihrem Bestreben, psychische Erkrankungen im Gehirn zu lokalisieren,[80] wenig angetan und wechselte nach nur fünf Monaten in eine andere Abteilung.[81]

Seit seiner Verlobung war Freud bemüht, sich durch wissenschaftliche Forschung einen Namen zu machen. „Ach, jetzt kommt die Sorge, sich zu behaupten, Neues zu finden, was die Welt in Atem hält und was nicht nur die Anerkennung weniger, sondern auch den Zulauf der vielen, des geldzahlenden Publikums einträgt."[82] 1884 hatte er in der medizinischen Fachliteratur gelesen, dass Kokain Soldaten „wunderbar kräftig und leistungsfähig" mache,[83] und beschlossen, das Mittel bei Herzkrankheiten, nervösen Schwächezuständen, vor allem aber beim Morphiumentzug zu erproben.[84] Sigmund Freud, der müde und verstimmt war, als er zum ersten Mal eine Kokain-Lösung einnahm, gelang es, mit Hilfe der Droge, ein Stimmungstief zu überwinden. „Man fühlt eine Zunahme der

25. Alte Universität, handkolorierte Radierung, 19. Jh.

26. Universität Wien um 1874, nach einer Zeichnung von Albertus Wirth

Selbstbeherrschung, fühlt sich lebenskräftiger und arbeitsfähiger"[85], bestätigte er die aufbauende Wirkung des Kokains. Nach einer Reihe von Selbstversuchen begann er mit der klinischen Erprobung des Medikaments, allerdings ohne die heute üblichen strengen Standards für klinische Tests. Freud forderte Kollegen, Schwestern und Freunde auf, die Droge auszuprobieren. Auch seiner Verlobten Martha schickte er immer wieder einige Gramm Kokain:[86] Für seine Idee, Kokain als Substitut für Morphium einzusetzen,[87] gewann Freud seinen Kollegen Ernst Fleischl (1846–1891). Fleischl hatte sich beim Sezieren eine fortschreitende Sepsis zugezogen, in deren Verlauf ihm immer wieder ein Stück Daumen abgenommen werden musste. Seine ständigen Schmerzen konnte er nur mit immer höheren Dosen Morphium ertragen. In Absprache mit Freud stimmte er dem Versuch zu, seine Morphiumsucht mit der Ersatzdroge Kokain zu bekämpfen. Von Freud lange unterschätzt, entwickelte Fleischl in der Folge eine kombinierte Morphin-Kokain-Abhängigkeit und spritzte sich, bis zu seinem Tod im Jahr 1891, große Mengen von Morphium und Kokain. Anders als seinem Freund Fleischl gelang es Sigmund Freud, die euphorisierende und antidepressive Wirkung von Kokain auszuloten, ohne selbst süchtig zu werden.[88] Immer dann, wenn er sich in einem Zustand innerer Unruhe befand, von Migräne,[89] depressiven Stimmungen oder Hemmungen geplagt war, nahm er Zuflucht bei der Droge. Als er 1886 in Paris zu einem privaten Dinner bei Professor Charcot, dem berühmten Erforscher der Hysterie, eingeladen war, hatte er Angst, sich zu blamieren. Wie er seiner Braut berichtete, ließen sich seine Ängste jedoch mit einer „kleinen Dosis Kokain" erfolgreich beschwichtigen.[90]

Bei der Fertigstellung seiner ersten Studie über Kokain stand Freud unter Zeitdruck, da er den Sommer bei seiner Braut in Wandsbek verbringen wollte. Er fasste die vorhandene Literatur zusammen, beschrieb exemplarisch einzelne Anwendungsmöglichkeiten der Droge und forderte – gedanklich schon mit der Abreise beschäftigt – Kollegen auf, die örtlich betäubende Wirkung von Kokain zu erforschen. Als Freud im Herbst 1884 aus dem Urlaub zurückkehrte, hatte sein Freund, der Augenarzt Carl Koller, den Einsatz von Kokain als Lokalanästhetikum bei Augenoperationen zuerst in Tierversuchen, später an Menschen erprobt. Carl Kol-

28. Sigmund Freud und Carl Koller, 1885

ler (1857–1944) wurde mit dieser Entdeckung berühmt, denn in den Jahren bis zum Ersten Weltkrieg sollte Kokain als Mittel der lokalen Anästhesie bei kleineren chirurgischen Eingriffen allgemein Anwendung finden.[91] Im Jänner 1885 habilitierte sich Freud mit einer Sammelschrift, die sämtliche seiner bisher veröffentlichten Aufsätze umfasste.[92] Noch im selben Jahr wurde er zum Privatdozenten für Neuropathologie ernannt. Mit der Dozentur war keine fixe Anstellung verbunden, sehr wohl aber die Verpflichtung, gegen eine geringe Aufwandsentschädigung Vorlesungen zu halten. Freud hat bis zum Wintersemester 1918/19 an der Universität Wien gelesen, zunächst in den Bereichen Anatomie und Neurologie. Später deuten seine Themen auf ein zunehmendes Interesse an neurotischen Bewusstseinszuständen, an der Psychologie des Traumes und an der Psychoanalyse hin.[93] Freuds Lehrveranstaltungen, die nicht zu den Pflichtvorlesungen des Studienfaches Medizin zählten, waren trotz Auffüllung durch Freunde und Kollegen in der Regel schlecht besucht,[94] was u. a. auch an der eigenwilligen Vorlesungszeit – ab dem Sommersemester 1905 las Freud nur Samstags zwischen 19 und 21 Uhr – gelegen haben könnte.

Nach seiner Habilitierung gab Freud seine Stelle im Allgemeinen Krankenhaus auf und verbrachte das Wintersemester 1885/86 in Paris, um an der berühmten Klinik Salpêtrière bei Professor Charcot (1825–1893) Auslandserfahrung zu sammeln. Charcots Theorien über Hysterie faszinierten ihn genauso wie dessen Behandlungsmethoden, vor allem die regelmäßig stattfindenden Vorführungen, in denen Charcot Hysteriepatientinnen hypnotisierte. Freud verabsäumte es nicht, „eigene Erfahrungen über die so wunderbaren und wenig geglaubten Phänomene des Hypnotismus […] zu erwerben. Zu meinem Erstaunen fand ich, dass es sich hiebei um grob sinnfällige, in keiner Weise anzuzweifelnde Dinge handelt, die allerdings wunderbar genug sind, um nicht ohne eigene sinnliche Wahrnehmung geglaubt zu werden."[95]

Nach Wien zurückgekehrt, wurde Freud nicht müde, seine neuen Einsichten zu propagieren. Der spätere Nobelpreisträger

29. Sühnhaus Ende der 20er Jahre.

Julius Wagner-Jauregg berichtet von einem Vortrag Freuds, „in dem er nur von Charcot sprach und ihn in höchsten Tönen pries. Das ertrugen aber die Wiener Größen schlecht. Bamberger und Meynert wiesen Freud in der Diskussion schroff zurück, und damit war er quasi bei der Fakultät in Ungnade gefallen".[96] Im Frühjahr 1886 eröffnete Sigmund Freud endlich seine erste Praxis, zunächst in der Rathausstraße, dann im „Sühnhaus", einem imposanten Baukomplex, der an Stelle des abgebrannten Ringtheaters errichtet worden war.[97] Im Sühnhaus befand sich die erste gemeinsame Wohnung von Sigmund und Martha Freud, wurden die ersten Kinder des Ehepaars geboren und auch das spätere Symbol der Psychoanalyse, die berühmte Couch, aufgestellt. Eine dankbare Patientin, Mme Benvenisti, hatte sie Sigmund Freud geschenkt. Sie wurde sowohl in die Berggasse als auch nach London, wo sie heute besichtigt werden kann, mitgenommen.[98] In den auf die Eröffnung folgenden Monaten war die Ordination noch

59

30. Elise Gomperz   31. Theodor Gomperz

nicht eingeführt und Freud ein „neurologischer Praktiker ohne Krankenmaterial."[99] Die ersten Patientinnen, unter ihnen Elise Gomperz (1848–1929), wurden ihm von Freunden und ehemaligen Lehrern vermittelt.[100] Elise Gomperz war die Gattin des Professors für Altphilologie Theodor Gomperz (1832–1912). Die Familie Gomperz, die mit den Familien Todesco, Lieben und Wertheimstein verwandt war, zählte zur „Coterie", d. h. zur alteingesessenen, gehobenen jüdischen Gesellschaft im Wien des 19. Jahrhunderts. In ihrer Brautzeit wurde Elise von ihrem um sechzehn Jahre älteren Verlobten, der selbst bei der Auswahl einer „Credenz" sein Veto in Aussicht stellte[101] und ihr Bücher schickte, die „heilsam auf Dich wirken können",[102] darüber belehrt, wie er sich die „geistige Intimität, die ihm in der Ehe das höchste ist, und der alles andere sich unterordnen muß", vorstellte.[103] Später unterwies sie ihr Ehemann in Erziehungsfragen.[104] Nach fünfzehn Jahren Eheleben und der Geburt von drei Kindern entwickelte Elise Gomperz eine Nervenkrise. Anfälle von Schwermut[105] wechselten mit einer „seltsam despotischen Ader".[106] „Ihre Ausbrüche und insbesondere das Anschreien der Dienstboten erfüllten mich mit Entsetzen […]", schrieb Elises Tochter Jahre später in ihren Jugenderinnerungen.[107] Schließlich begab sich Elise zu Freud in

32. Marie von Ferstl 1911

Behandlung. Nachdem eine elektrische Therapie keine Besserung brachte, versprach dieser Heilung durch Hypnose.[108] „Nur u. immer nur Ohrenbeichte u. Hypnose – davon haben wir keine Wunder gesehen; ich konnte nur stets zunehmende Verschlimmerung constatieren. Alle vernünftigen Leute mit Ausnahme Breuer's u. Freud's warnen unaufhörlich vor der Fortsetzung dieser bisher mehr als ergebnislosen Experimente [...] Mir erscheint die Hypnose wie ein neu erfundenes Medicament, das man noch nicht zu dosieren versteht und das, wie andere und (gerade) die wirksamsten Heilmittel, bei nicht ganz angemessenem Gebrauch als Gift wirkt", kommentierte Theodor Gomperz die Konsultation Freuds durch seine Gattin.[109]

Wie so vieles in seinem Leben, verdankte Sigmund Freud auch seinen Professorentitel den Frauen in seinem Umfeld. Als seine akademische Karriere stagnierte und er 1901 noch immer keine Professur erhalten hatte, waren es zwei ehemalige Patientinnen und Gönnerinnen, die sich für die Verleihung dieses Titels und den damit verbundenen Status einsetzten. Bereits im Jahr 1897 war der langjährige Privatdozent Dr. Sigmund Freud für eine außerordentliche Professur an der Universität Wien vorgeschlagen worden. Ministerium und Universität waren sich damals über die Finanzierung und Zuweisung von zusätzlichen Stellen nicht einig.[110] Durch einen neuen Ministerialerlass wurde es möglich,[111] verdienstvollen Privatdozenten den mit keinerlei Kosten und Anstellungsverpflichtung verbundenen Titel eines

33. Sigmund Freud Hof

Titular-außerordentlichen Professors zu verleihen. Nach langem Zögern beschloss Freud, nun doch aktiv zu werden und sich „wie andere Menschenkinder auch" durch Protektion den Professorentitel und das damit verbundene Prestige zu erkämpfen.[112] Freud ersuchte seine langjährige Patientin, die Professorengattin Elise Gomperz, um Intervention.[113] Nachdem diese zunächst erfolglos beim Unterrichtsminister vorgesprochen hatte, holte sie sich Unterstützung bei ihrer Freundin Marie von Ferstel, ebenfalls eine Patientin Freuds. Marie von Ferstel, Bankierstochter, Diplomatengattin und Schwiegertochter des Architekten Heinrich von Ferstel, kam nicht mit leeren Händen zum Unterrichtsminister, sondern mit einem verlockenden Angebot. Sie könne dem Minister ein Bild für sein Lieblingsprojekt, die Errichtung der Österreichischen Galerie im Schloss Belvedere, organisieren, im Tausch gegen einen Professorentitel für Freud.[114] Die Transaktion gelang, und 1902 wurde Freud zum Titular-Professor ernannt. Freuds Büste im Arkadenhof des Hauptgebäudes der Universität Wien, einem Ort der Erinnerung an die berühmtesten Köpfe der Alma Mater Rudolfina, wurde jedoch erst 1955 und damit sechzehn Jahre nach seinem Tod im Londoner Exil enthüllt.[115] Bereits im Jahr 1947 widmete die Stadt Wien dem 1926 zum Ehrenbürger der Stadt ernannten Begründer der Psychoanalyse einen der großen sozialen Wohnbauten, die im „Roten Wien" der Zwischenkriegszeit errichtet worden waren.[116] Im Jahr 1984 wurde die kleine Grünfläche zwischen Votivkirche und Universitätshauptgebäude Sigmund-Freud-Park benannt.[117] Seit der Umgestaltung des Alten Allgemeinen Krankenhauses zum Universitätscampus Wien heißt ein Tor nach Sigmund und Anna Freud.[118]

post scriptum

„Es regnet schon jetzt Glückwünsche und Blumenspenden, als sei die Rolle der Sexualität plötzlich von Seiner Majestät amtlich anerkannt, die Bedeutung des Traumes vom Ministerrat bestätigt, und die Notwendigkeit einer psychoanalytischen Therapie der Hysterie mit zwei Drittel Majorität im Parlament durchgedrungen", kommentierte Freud seine Ernennung zum Titular-Extraordinarius.[119]

34. Sigmund-
Freud-Büste,
Arkadengang
Universität Wien

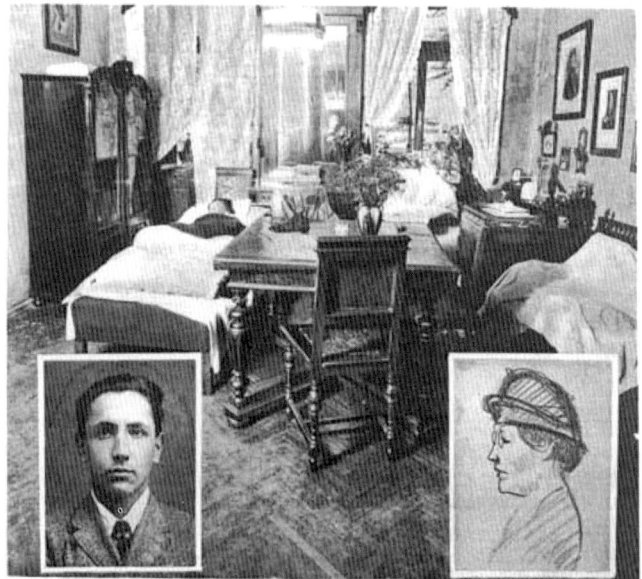

Nr. 37. Wien, Sonntag, 14. September 1924, XXIX. Jahrgang.

Wiener Bilder

Illustriertes Familienblatt

Bezugsbedingungen:

Vom eigenen Neffen ermordet.

Der Raubmord an der Schriftstellerin Dr. Hermine Hug-Helmuth in Wien: Die polizeiliche Aufnahme von der Auffindung der Leiche der Ermordeten in ihrem Heim in der Lustkandlgasse. (Unten links): Der 18jährige Neffe Rolf (Rudolf) Hug-Helmuth, der Mörder seiner Tante. (Unten rechts): Bildnis der Ermordeten nach einer Zeichnung.

Der Roman: „Das Geheimnis von Schloß Wiedegg". — Wiener Theaterbilder. — ʊas Kino. — Zwei Novellen. — „Kleinbürger aus Groß-Wien". — Rund um die Woche. — Modeschau. — Bunte Geschichten. — Rätsel und zahlreiche photographische Aufnahmen.

35. „Vom eigenen Neffen ermordet", Wiener Bilder 1924

Schauplatz 4

Tatort Psychoanalyse:
Leben und Sterben der
Hermine Hug-Hellmuth (1871–1924)

„… ein frohes, freies Geschlecht zu schaffen, das die
morschen Schranken einer überlebten Zeit niederreißt".[120]
Hermine Hug-Hellmuth

1090 Wien,
Lustkandlgasse 10

Während in der Volksoper am Währingergürtel die Saison auf
dem Höhepunkt stand und das Theater eine Bühne für die
Fantasie darstellte, schrieb das Leben in unmittelbarer Nähe
ein dramatisches Wirklichkeitsstück. Es geschah in einer pein-
lich sauberen Wohnung in der Lustkandlgasse Nr. 10, im Hochparterre, die aus Zimmer, Kabinett, Vorzimmer und Küche bestand und 1924 Schauplatz eines spektakulären Mordes
wurde:[121] In der Nacht vom 8. zum 9. September hatte ein jun-
ger Mann seine Tante überfallen, beraubt, und – so ergab die
Obduktion – mit besonderer Gewalttätigkeit erdrosselt.[122] Der
Täter, Rudolf Otto Hug, war gerade 18 Jahre alt, das Opfer, Dr.
Hermine Hug-Hellmuth, 53 Jahre.[123] Das unverheiratete „Fräulein Doktor" war eine anerkannte Pionierin der Kinderpsychoanalyse und ein wichtiges Mitglied der Freud'schen Mittwoch-
Gesellschaft gewesen. Von Sigmund Freud hoch geschätzt,
hatte sich Hermine Hug-Hellmuth als aktive Publizistin für die
psychoanalytische Sache stark gemacht und war zu einem we-
sentlichen Sprachrohr der Psychoanalytischen Vereinigung geworden.

Die Gewalttat erregte daher nicht nur allgemeine Aufmerksamkeit, sondern sorgte vor allem in einschlägigen Kreisen für
heftige Diskussionen. Psychoanalytisch interessierten Personen
war der Name des Neffen bereits bekannt gewesen. Hermine

65

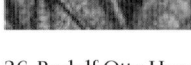

36. Rudolf Otto Hug   37. Hermine Hug-Hellmuth

Hug-Hellmuth hatte ihn analysiert, in zahlreichen Veröffentlichungen als „interessanten Fall" verewigt und seine Person damit einem größeren Publikum zur Kenntnis gebracht.[124] Aufgrund der regen Mord-Berichterstattung erschien schließlich auch in der Öffentlichkeit die Frage wesentlich, wer letztendlich als Opfer und wer als Täter beziehungsweise Täterin anzusehen war. Zu klären galt es zudem, ob etwa die von der Psychoanalyse geprägte Beziehung zwischen Opfer und Täter ein Mordmotiv bot. Aus diesem Grund stand nicht nur ein jugendlicher Mörder vor Gericht, sondern auch eine junge Disziplin auf dem Prüfstand.

Der Fall entlarvte bald ein verwirrendes Geflecht von persönlichen Abhängigkeiten und Beziehungsdramen, die vor der Kulisse der Psychoanalyse stattfanden: Um zu einem Urteilsspruch zu gelangen, zogen die Richter neben den Aussagen von Sachverständigen auch jene von Dr. Isidor Sadger heran. Dieser war sowohl Hausarzt, Analytiker, Analyse-Lehrer und enger Vertrauter von Hermine Hug-Hellmuth gewesen. Seit 1919 hatte er zudem die Vormundschaft für ihren nunmehr angeklagten Neffen übernommen. In den Diskussionen der Mittwoch-Gesellschaft, deren Mitglied er war, erregten Isidor Sadgers Vorlieben für „schweinische Praktiken" oft die Gemüter".[125] Aus Sadgers Vielfachrolle als Vormund, Hauptbelastungszeuge sowie als Anwalt der Psychoanalyse, der er sich als treuer Freudianer zutiefst verpflichtet fühlte, erwuchsen zahlreiche persönliche Befangenheiten. Vor Gericht ergriff er eindeutig Partei: Er zeichnete sein Mündel Rudolf Otto Hug als Ungeheuer und präsentierte sich als Verteidiger seiner ermordeten Kollegin.[126] Die Aussagen Sadgers zeigten offenbar Wirkung. Das endgültige Urteil für den Attentäter lautete: Zwölf Jahre schweren Kerker, verschärft durch hartes Lager und Dunkelhaft.[127] Der Verurteilte selbst fühlte sich nicht schuldig und erklärte: „Bei ihm sei die psychoanalytische Erziehungsmethode gründlich mißraten. Psychoanalyse tagaus tagein richte einen Menschen zugrunde."[128]

Zur Vorgeschichte: Hermine Hug-Hellmuth wurde 1871 als jüngste von zwei Mädchen in einer Offiziersfamilie geboren.[129] Der Vater Hugo Hug, Ritter von Hugenstein, war adeliger Herkunft und vermögend, aber durch den Börsenkrach von 1873 verarmt. Die Mutter, musisch begabt und gebildet, widmete sich, den Weiblichkeitsvorstellungen ihrer Zeit entsprechend, in erster Linie dem Haushalt und der Kindererziehung. Der Vater, ein „gelernter Militarist", erwartete von seinen Töchtern Gehorsam, Sauberkeit und Disziplin. Die Mutter unterrichtete die Schwestern selbst. Sie war religiös und völlig in den Moralvorstellungen ihrer Zeit gefangen. Als Hermine ungefähr zwölf Jahre alt war,[130] starb sie, der Vater wurde 15 Jahre später zu Grabe getragen.[131]

Hermines Erziehung entsprach idealtypisch den Vorstellungen des Bürgertums des späten 19. Jahrhunderts — doch sie reagierte auf ihre eigene Art: „Hin- und hergerissen zwischen Bewunderung und Haß für den Vater und Mitleid und Liebe für die Mutter, in Konkurrenz zur älteren Schwester, behauptet sie sich innerhalb ihrer Familie mit dramatischen Reaktionen und außergewöhnlichem Verhalten und agiert ihren Zwiespalt in sadistisch-masochistischen Spielen aus."[132] Das Dilemma weiblicher Identitätsbildung sowie die Tabuisierung von Sexualität waren bei Hermine Hug-Hellmuth, ebenso wie bei vielen anderen Frauen ihrer Zeit, integraler Bestandteil des Lebens. Die daraus resultierenden Spannungen suchten nach Lösung.

Beide Schwestern zog es an die Universität — was einem
Verrat an Weiblichkeit und Mutterschaft gleichkam. So konnte
man in wissenschaftlichen Abhandlungen lesen, dass Frauen
durch das Studium ihre Haare — das Symbol weiblicher Schön-
heit und Heiratsfähigkeit — verlören.[133] Antonia studierte trotz
aller Vorurteile Literaturwissenschaft und entschied sich für die
Forschung. Hermine absolvierte eine Lehrerinnenausbildung
und promovierte 1908 als eine der ersten Akademikerinnen in
Physik. Der Titel ihrer Dissertation lautete: „Untersuchungen
über die physikalischen und chemischen Eigenschaften der ra-
dioaktiven Niederschläge an der Anode und Kathode".[134] 1910
ließ sie sich als Lehrerin pensionieren und widmete sich ab
nun in erster Linie der Psychoanalyse.[135] 1913 wurde sie —
durch Vermittlung ihres Hausarztes Dr. Isidor Sadger — in den
Freud-Zirkel aufgenommen und hochgeschätztes Mitglied der
Wiener Psychoanalytischen Vereinigung. Damit war sie nach
Margarete Hilferding und Sabina Spielrein die dritte akzep-
tierte Frau in diesem Club honoriger Männer.[136] 1923 wurde
Hug-Hellmuth Leiterin der Erziehungsberatungsstelle, die im
Psychoanalytischen Ambulatorium untergebracht war.[137] In der
Psychoanalytischen Vereinigung fand die Frau, die schon früh
beide Elternteile verloren hatte, eine neue Familie. Sigmund
Freud und Isidor Sadger wurden gleichsam zu Ersatzvätern.
Ihre akademische Bildung und ihre Publikationen unter männ-
lichem Pseudonym vermittelten Professionalität und Seriosität.
Damit fand sie als Frau in einer von Männern geprägten Be-
wegung Anerkennung, indem sie deren Anschauungen vertrat
und deren Ruf zuarbeitete.

Hermine Hug-Hellmuths Hauptinteresse galt, geprägt durch
ihre eigenen traurigen Erfahrungen, der Kinderanalyse. Sie
war die erste, die dabei das Spiel therapeutisch einsetzte. Damit wurde sie noch vor dem Ersten Weltkrieg und vor Anna
Freud und Melanie Klein zur eigentlichen Pionierin der Kinderpsychologie. Hug-Hellmuth publizierte seit 1911 und hatte
sich mit ihren Werken über die kindliche Psyche einen guten
Namen gemacht. Sie galt als anerkannte Autorität in Fragen

38. Die Ring-Träger, das Komitee 1922

der Kindererziehung.[138] Ganz der Psychoanalyse verschrieben, dienten ihr das eigene Privatleben sowie das ihres Neffen als Anschauungs- und Studienmaterial. Wie viele andere aus der psychoanalytischen Zunft ihrer Zeit experimentierte sie mit menschlichen Krisen und übte sich in Interpretationen. Ihr übergeordnetes Anliegen war es, die pädagogische und psychologische Fachwelt auf die – wie sie fand – „genialen" Ideen Sigmund Freuds aufmerksam zu machen.[139]

International bekannt wurde sie 1919 durch die anonyme Veröffentlichung „Tagebuch eines halbwüchsigen Mädchens. Von 11–14 Jahren." Als eine der ersten Publikationen des Freud'schen Internationalen Psychoanalytischen Verlages[140] wurde es von Sigmund Freud enthusiastisch eingeführt, da es viele seiner Thesen über die frühkindliche Sexualität zu unterstützen schien. Tatsächlich fand das Tagebuch, das sich vor allem mit der Problematik der weiblichen Sexualität beschäftigte, eben deswegen großes öffentliches Interesse – was sich auch in den Verkaufszahlen niederschlug. Als 1923 bereits die dritte Auflage folgte, hatte Hermine Hug-Hellmuth mit ihrem Namen gezeichnet und so das Geheimnis um die Herausgeberin gelüftet.[141] Diese Entscheidung war notwendig geworden, da um das Tagebuch ein Streit bezüglich seiner Authentizität ausgebrochen war.

Hermine Hug-Hellmuth war stets eine getreue Mitstreiterin Sigmund Freuds; ihre Schriften waren „Propagandaschriften seiner Machtstrategie".[142] Auch in der Kinderpsychologie wandte sie Sigmund Freuds Theorien an. Dabei spielte ihr Neffe eine wesentliche Rolle. Als ihre Schwester Antonia 1915 starb, übernahm sie für deren unehelich geborenen, damals neunjährigen Sohn Rudolf Otto, genannt Rolf, die Obsorge. Seit 1918 wohnte er auch bei ihr.[143] Da er sie jedoch immer wieder bestahl, verbot sie ihm 1922 das Haus.[144] In dieses drang Rolf in jener verhängnisvollen Nacht ein, um seine Tante auszurauben. Als sie unvermittelt erwachte, erdrosselte er sie. Ihr tragisches Ende vorausahnend, hatte Hermine Hug-Hellmuth nur wenige Tage vor ihrem Tod ein Testament verfasst, in dem sie, Ironie der Geschichte, ihren Neffen an erster Stelle bedachte.[145]

Auch nach dem gewaltsamen Tod Hermine Hug-Hellmuths zweifelten Sachverständige erneut an der Behauptung, dass ihr berühmtester Text, das „Tagebuch", tatsächlich von einem Kind geschrieben worden war. Schließlich wiesen Sachverständige der Psychologischen Schule um die Universitätsprofessorin Charlotte Bühler nach, dass das „Tagebuch" von Hermine Hug-Hellmuth selbst verfasst worden war – andere vermuteten sogar, dass Sigmund Freud und Isidor Sadger den Text überarbeitet hatten.[146] Um dem öffentlichen Gerede Einhalt zu gebieten und weiteren Schaden an seiner Schule zu verhindern, ließ Sigmund Freud als Reihenherausgeber das Buch trotz seines Verkaufserfolges 1927 aus dem Buchhandel ziehen. Im Widerstreit der Meinungen, ob das „Tagebuch eines halbwüchsigen Mädchens" nun Fiktion oder authentische Quelle sei, verschwand für lange Zeit somit ein Text, der nicht nur die weibliche Sexualität thematisierte, sondern das ganze Dilemma der Selbstfindung weiblicher Identität am Anfang des 20. Jahrhunderts offenbarte. Hermine Hug-Hellmuths Schriften

39. Charlotte (1893–1974) und Karl Bühler in einem Arbeitsraum

wurden durch die Fälschungsdebatten um das „Tagebuch" dem historischen Vergessen übergeben, der Name der Pionierin der Kinderpsychoanalyse aus dem historischen Gedächtnis weit gehend gelöscht.

Hermine, Edle von Hugenstein, hatte schon zu Lebzeiten das männliche Pseudonym Hellmuth gewählt. Auf der Suche nach einer Identität zwischen Männlichkeit und Weiblichkeit ging jedoch in der Überanpassung an das System der Psychoanalyse und deren männliche Proponenten die Frau als Subjekt verloren.[147] Ihr gewaltsamer Tod spiegelt nicht nur eine persönliche Tragik in den Verwicklungen von Familiengeschichten wider, sondern scheint auch das Scheitern der Analyse ihres Neffen zu bestätigen. „Das wahre Wesen der Kinderseele, das sie in vielen ihrer Schriften beschwor, wurde bei ihr zerrieben zwischen seinen Funktionen als Demonstrationsobjekt theoretischer Konstrukte, denen sie sich blindlings verschrieben hatte, und als Projektionsobjekt persönlicher Bedürfnisse und Ängste, denen sie hilflos ausgeliefert blieb".[148]

Die Geschichte um den Mord an Hermine Hug-Hellmuth spiegelt eine schwierige Phase in der Entwicklungsgeschichte der Psychoanalyse wider. Das Drama, das sich in der Nacht zum 9. September mitten in Wien abspielte, ließ in menschliche Abgründe und tödliche Verflechtungen blicken. Doch, so meint Angela Graf-Nold, die das Leben Hermine Hug-Hellmuths untersuchte, „man muß die Abgründe kennen, wenn man nicht in sie geraten will".[149]

post scriptum

Ebenfalls in der Lustkandlgasse, jedoch im Haus Nr. 50 befand sich die ehemalige Kinderübernahmestelle der Gemeinde Wien, ein Musterprojekt der Sozialfürsorge. Sie wurde 1923–24 errichtet[150] und diente mit ihren sozialen und ärztlichen Betreuungseinrichtungen kranken oder verwahrlosten Kindern

40. Lageplan der Kinderübernahmestelle, Lustkandlgasse 50. (Eine Besichtigung des Gebäudes von innen ist nicht möglich.)

41. Außenansicht der Kinderübernahmestelle. (Eine Besichtigung des Gebäudes von innen ist nicht möglich.)

als Hilfe. Die progressive Gesundheitspolitik Julius Tandlers (1869–1936) baute in Wien ein umfassendes Fürsorgewesen mit einem Netz von 180 Jugendfürsorge-Sprengeln auf.[151] Ein Glanzstück davon war die Kinderübernahmestelle in der Lust-

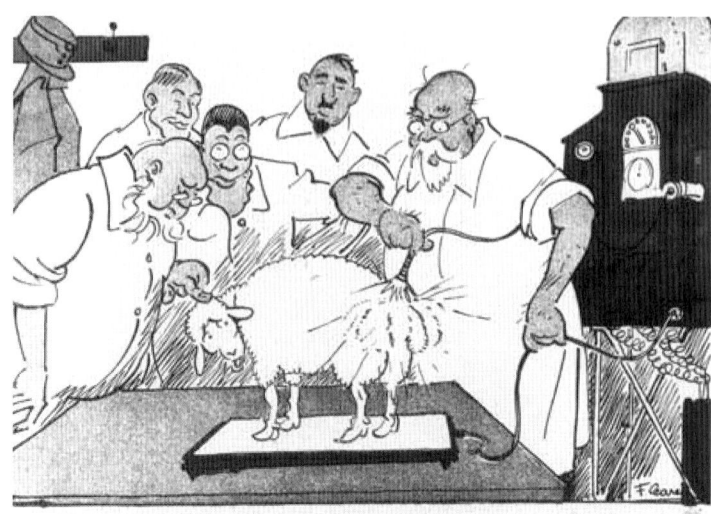

»Wär' nicht schlecht, meine Herren, wenn wir diesem Lämmerschwanz das Zittern nicht auch wegfaradisieren könnten!«

42. Wagner-Jauregg und Assistenten beim „Faradisieren eines Lämmerschwanzes", Karikatur

kandlgasse 50. Für die wissenschaftliche Leitung war Charlotte Bühler (1893–1974) zuständig.[152] Als Motto kann man noch heute neben dem Eingang lesen: „Wer Kindern Paläste baut, reißt Kerkermauern nieder". Im Hof stand die Skulptur der „Magna Mater", der „Fürsorglichen Mutter" von Anton Hanak.[153]

Auf Nr. 26–28 trägt ein Gemeindebau aus der Frühzeit des „Roten Wien" den Namen von Julius Wagner-Jauregg (1887–1940). Dr. Julius Wagner-Jauregg war Direktor der Wiener Psychiatrischen Klinik, Leiter des Psychiatrischen Krankenhauses am Steinhof und Gerichtsgutachter. Seine Behandlung von Kriegsneurosen der Soldaten des Ersten Weltkriegs mit Elektroschocks führte in der Folge zu einer gerichtlichen Untersuchung, in der Sigmund Freud 1920 ein Gutachten anfertigte und darin dem Leiter der Psychiatrischen Klinik des Allgemeinen Krankenhauses – Wagner-Jauregg, einem Du-Freund – konzedierte, dass dieser nie grausame Stromschläge zugelassen hätte.[154] Der Psychiater und Neurologe wollte nicht

43. Wagner-Jauregg-Hof, Lustkandlgasse 26–28

nur Geisteskranke und Verbrecher sterilisieren lassen, sondern bezeichnete auch Frauenwahlrecht und weibliche Berufstätigkeit als „Entartung".[155] Seine Heilerfolge durch Versuche mit Malariainjektionen bei Progressiver Paralyse, also bei Syphilis, brachten ihm 1927 den Nobelpreis für Medizin. Gleichzeitig profilierte er sich als überzeugter Rassentheoretiker. Sein Ansuchen um Aufnahme in die NSDAP wurde 1939 jedoch wahrscheinlich wegen seiner ersten Ehe mit einer Jüdin abgelehnt.[156] Durch die Aufarbeitung der politischen Einstellung des „Ehrenbürgers der Stadt Wien" durch eine Historikerkommission steht seit 2004 seine öffentliche Würdigung an Plätzen, Häusern und Straßen zur Diskussion.[157]

♡△♡ DIE LEHRERIN ♡△♡

Gegen mäßiges Entgelt
Hat das Schicksal fie geftellt
Mitten in die Kinderwelt,
Daß fie dorten Schule hält.

Hier, nach Pädagogenart,
Strenge fie mit Milde paart,
Zucht und gute Sitten wahrt
Und ihr Wiffen offenbart.

44. Karikatur „Die Lehrerin"

„Das Tagebuch ist ein kleines Juwel. Wirklich, ich glaube, noch niemals hat man in solcher Klarheit und Wahrhaftigkeit in die Seelenregungen hineinblicken können, welche die Entwicklung des Mädchens unserer Gesellschafts- und Kulturstufe in den Jahren der Vorpubertät kennzeichnen.

Wie die Gefühle aus dem kindlich Egoistischen hervorwachsen, bis sie die soziale Reife erreichen, wie die Beziehungen zu Eltern zuerst aussehen und dann allmählich an Ernst und Innigkeit gewinnen, wie Freundschaften angesponnen und verlassen werden, die Zärtlichkeit nach ihren ersten Objekten tastet, und vor allem, wie das Geschlechtsleben erst verschwommen auftaucht, und dann von der kindlichen Seele ganz Besitz zu nehmen, wie das Kind unter dem Bewusstsein seines geheimen Wissens Schaden leidet und ihn dann allmählich überwindet, das ist so reizend, natürlich und doch ernsthaft in diesen kunstlosen Aufzeichnungen zum Ausdruck gekommen, daß es Erziehern und Psychologen das höchste Interesse einflößen muß."[158]

Sigmund Freud an Hermine Hug-Hellmuth

45. Das Palais Lieben-Auspitz 1880 und das Café Landtmann

Schauplatz 5

Lehrmeisterin der Psychoanalyse:
Anna von Lieben (1847–1900)
und das Café Landtmann

„Niemand vorschnell mich verdamme
daß ich zwecklos ewig träume!"[159]

Anna von Lieben

Das Café Landtmann und
das Palais Lieben-Auspitz
1010, Dr.-Karl-Lueger-Ring 4
und Oppolzergasse 6

Das Café Landtmann wurde 1873, in jenem turbulenten Jahr der Weltausstellung und des Börsenkrachs, vom gleichnamigen Cafétier eröffnet.[160] Das Café, das zu einem zentralen Ort Wiener Geselligkeit werden sollte, war von den Architekten Carl Schumann und Ludwig Tischler von Anfang an in die Planungen des Ringstraßenpalais einbezogen worden.[161] Sie hatten das im Renaissance-Stil des Historismus erbaute Haus ein Jahr zuvor fertiggestellt. Aufgrund seiner unmittelbaren Nähe zu Universität, Burgtheater und Rathaus war das Café Landtmann eine Schaltstelle zwischen Politik und Kunst. Auch Sigmund Freud hatte in seinen jüngeren Jahren gerne Caféhäuser besucht und dort Schach gespielt, diese Leidenschaft jedoch ab 1901 aufgegeben.[162] Überhaupt lebte er sehr diszipliniert nach einem streng geregelten Tagesablauf. Er stand um 7 Uhr morgens auf, empfing von 8 bis 12 Uhr seine Patientinnen und begab sich im Kreise der Familie, pünktlich um 13 Uhr, zum Mittagessen.[163] Anschließend gab es einen kurzen Spaziergang, um 15 Uhr eine Sprechstunde, dann wieder Analysestunden, die oft bis 21 Uhr dauerten, danach folgte das Abendessen. Am späten Abend gestattete sich Freud nochmals einen Spaziergang: Im Sommer ins Café Landtmann, im Winter ins Café

Central.[164] Seine Aufenthalte in diesen Zonen des pulsierenden Lebens können jedoch nie sehr lange gedauert haben, denn schließlich warteten zu Hause an seinem Schreibtisch noch zu verfassende Publikationen und Korrespondenzen auf ihn. Wenn er sich schließlich um ein Uhr nachts zu Bett begab, hatte er, ganz im Dienste der Wissenschaft und seiner Karriere stehend, fleißig ein langes Tagespensum vollbracht.

Das Caféhaus aber kennt eine andere Zeit. Hier trifft man sich, um zu sehen und gesehen zu werden, um zu politisieren, andere zu inspizieren und sich über Zeitungen zu informieren. Das Caféhaus ist jener Ort, an dem das Leben der einen zum Kino für die anderen wird. Hier geht es weniger um den Kaffee an sich – ein anfangs skeptisch beäugtes Erbe der Türkenbelagerung von 1683 –, als um jene Institution, die daraus entstand. Im Fin de siècle entwickelte sich das Caféhaus zum Inbegriff des kreativen Milieus. Hier traf sich alles, was Rang und Namen hatte – die Politik ebenso wie die Bohème. An den Marmortischen herrschten die Caféhausmusen mit ihrer Erotik und aktivierten die Krise des männlichen Subjekts. In den Stunden des inspirierten Aufenthaltes entstanden Werke der Weltliteratur, wurden Karrieren und Liebesaffären ebenso begründet wie beendet. Den Damen der besseren Gesellschaft war der Zutritt bis zum Ersten Weltkrieg nur in männlicher Begleitung gestattet, doch der über allen schwebende Zigarettenrauch bildete gleichsam eine undurchdringliche Nebelwand, die vor neugierigen Blicken schützte. Jedes Caféhaus hatte seine spezifischen Liebhaber und Liebhaberinnen und damit auch seine Besonderheiten. Gespielt wurde in allen, sei es mit Karten, Worten oder Eitelkeiten.

Die Gründung des Café Landtmann verdankte sich dem Bau einer Prachtstraße. Der Ring, ein Boulevard des Liberalismus, war nach der Schleifung der alten Stadtmauern an deren Stelle entstanden. Dem finanzkräftigen Bürgertum bot die Stadtverwaltung hier die Möglichkeit, neue Palais zu errichten und damit seinen Reichtum zu präsentieren. Im Jahr 1874 erwarb auch die Familie Lieben ein Haus am Ring: Es handelt

46. Leopold und Anna von Lieben

sich um jenes Palais, das heute unter der Adresse Dr.-Karl-Lue-
ger-Ring 4 bzw. Oppolzergasse 6 zu finden ist.[165] Der Besitzer
und Bankier Leopold Lieben gehörte – ebenso wie seine Geschwister und Mitbesitzenden Adolf, Helene, Richard, Ida und
ihr Cousin Rudolf Auspitz zum philanthropisch-mäzenatisch
ausgerichteten, assimilierten jüdischen Großbürgertum. Das Palais Lieben-Auspitz wurde gleichsam zum Stammhaus der verschiedenen Zweige der Familie, die jeweils einen Stock be-
wohnten. 1871 heiratete Leopold Lieben die Baronesse Anna

Freiin von Todesco und bezog mit ihr später den ersten Stock des Familienstammsitzes.[166] Anna von Lieben sollte eine der Lehrmeisterinnen Sigmund Freuds werden. Im Unterschied zu vielen anderen erhielt sie diese Auszeichnung allerdings vom „Herrn Professor" selbst verliehen.[167] Anna von Lieben war bei ihm in den Jahren 1887/88 und dann nochmals im Jahr 1893 in Behandlung.[168] 1886 hatte Sigmund Freud seine erste Praxis eröffnet.[169] Zu dieser Zeit war er zwar schon dreißig Jahre alt, musste sich jedoch beruflich erst etablieren. Zudem wurde er im Jahr 1887 zum ersten Mal Vater und hatte von da an eine stetig wachsende Familie zu ernähren.

Anna von Lieben besaß das besondere „Privileg", im Vergleich zu anderen über einen relativ langen Zeitraum Sigmund Freuds Patientin gewesen zu sein. Er wiederum genoss das Privileg, von und mit Anna von Lieben besonders viel über das Funktionieren der Psyche lernen zu können. Die Baronesse gab dem Professor die Möglichkeit, seine ersten persönlichen Erfahrungen mit der „Redekur" zu machen und ihn auf die Spur der Bedeutung der Sexualität zu bringen. Sie führte den Beweis, dass es „einer begabten Patientin bedurfte, um einen begabten Arzt hervorzubringen".[170] Auch Werke werden von Paaren gezeugt,[171] die Redekur mit dem neuen Element der freien Assoziation ist daher ihr gemeinsames Werk.

Anna Todesco, verehelichte Lieben, wurde 1847 geboren und wuchs im Luxus der Villa Todesco auf, in der ihre Mutter in den 1860er-Jahren ein offenes und geselliges Haus führte.[172] Die Eltern stammten aus reichen Industrie- und Bankiersfamilien, finanzierten Schulen und soziale Einrichtungen und wurden für ihre Verdienste mit einem Adelstitel belohnt.[173] Annas Großvater, Hermann Todesco (1792–1844) hatte in Marienthal eine Baumwollfabrik gegründet,[174] die 1933 durch die berühmte Studie von Marie Jahoda und Hans Zeisel: „Die Arbeitslosen von Marienthal"[175] als Standardwerk in die Geschichte der Soziologie eingehen sollte. Annas Vater, Eduard von Todesco (1814–1887), zählte zu jenen Ringstraßen-Baronen,

47. Das Palais Todesco

die sich über ihre Residenzen definierten. Das Palais Todesco
auf der Kärntnerstraße 51 war von dem dänischen Architekten
Theophil von Hansen, der auch das Parlament entworfen hatte,
eigens für den Baron erbaut worden.[76] Eine Tante Annas, Josephine von Wertheimstein, führte wiederum einen bekannten
Wiener Salon, der jedoch auch wegen der Nervenkrankheiten
der Hausherrin und ihrer Gäste Berühmtheit erlangte.[77]

Anna Todesco, künstlerisch interessiert und hoch begabt, litt
immer wieder, so der damalige Sprachgebrauch, an „hysterischen Symptomen" und war oft bettlägerig. Nach ihrer Heirat
mit Leopold von Lieben (1835–1915) und der Geburt ihrer Kinder wurde sie morphiumsüchtig. Sie galt als exzentrisch, er-
nährte sich vorwiegend von Kaviar und Champagner und litt
unter der ständigen Angst, in eine Anstalt eingewiesen zu werden.[178] Liest man jedoch ihre Gedichte, so weht durch die Poe-
sie nichts anderes als eine tiefe Sehnsucht nach Freiheit und

Ungebundenheit.[179] Zu Sigmund Freud war sie vermutlich über Vermittlung ihres Hausarztes, Dr. Josef Breuer, gekommen.[180] Freuds Behandlungsmethode beruhte auf Hypnose und freier Assoziation,[181] aber er experimentierte und übte noch. Sigmund Freud war nicht nur Anna von Liebens Arzt, er war auch ihr gelehriger Schüler.[182] Die Beziehung zu der kränkelnden Baronesse war für den Professor nicht nur hinsichtlich seiner Theorienbildung wichtig, sondern auch in Bezug auf Bekanntschaften. Anna von Lieben war durch ihre großbürgerliche Herkunft wichtiges Bindeglied zu bestimmten Wiener Kreisen, die Sigmund Freud einerseits intellektuell beeinflussten und ihm andererseits Aufträge vermittelten. Eine der positiven Begleiterscheinungen des gesellschaftlichen Kontaktes mit Anna von Lieben für den sozial aufstrebenden Sigmund Freud war die nähere Bekanntschaft mit Franz Brentano (1874–1895), einem Neffen des Schriftstellers der Romantik Clemens Brentano. Dieser war mit Ida von Lieben, Annas Schwägerin, verheiratet und wohnte ebenfalls im Palais in der Oppolzergasse − allerdings im dritten Stock.[183] Als ehemaliger Priester und späterer Philosophieprofessor an der Universität Wien hatte Franz Brentano auf Sigmund Freud nicht nur starken theoretischen Einfluss ausgeübt, sondern ihm in der Folge durch die persönliche Bekanntschaft auch an den Philosophen und Historiker Theodor Gomperz vermittelt. In seiner Funktion als Herausgeber der deutschen Ausgabe der Werke von John Stuart Mill übergab dieser vier Essays an Freud zur Übersetzung aus dem Englischen.[184]

Anna von Lieben und ihre Familie spielten also sowohl für den „Herrn Professor" und seine Finanzen als auch für die Entwicklungsgeschichte der Psychoanalyse eine bedeutende Rolle. Freud war ein gern gesehener Gast. Er weilte nicht nur im Café Landtmann, sondern auch im ersten Stock desselben Hauses, oft bis zu drei Mal die Woche.[185] Die Wohnung der Familie Lieben war ganz im Stil des Historismus eingerichtet. Sie beherbergte eine enorme Kunstsammlung; riesige Porträts schmückten die Wände, japanische Kostbarkeiten zierten den Salon.[186]

48. Salon der Familie Lieben

Die Baronesse selbst starb am 31. Oktober 1900 im Alter von dreiundfünfzig Jahren an Herzversagen. Zwei ihrer behandelnden Ärzte heirateten in ihre Familie ein[187] — was deutlich macht, dass über die oft intime Beziehung zwischen Arzt und Patientin auch sozialer Aufstieg möglich war. Das Tagebuch Anna von Liebens mit den Aufzeichnungen ihrer Erfahrungen bei Sigmund Freud wurde hingegen von einem dieser Ärzte vernichtet.[188] Ihr Enkel, Karl von Motesiczky (1904–1943), führte ihr Erbe weiter. Als Poet und Musiker war er ebenso seelisch fragil wie seine Großmutter. Er förderte den Dichter Heimito von Doderer und baute zusammen mit dem Psychoanalytiker Wilhelm Reich die „Sexpol-Bewegung" in Dänemark und Norwegen auf. Als Kommunist im Widerstand gegen die NS-Herrschaft tätig, wurde er nach Auschwitz deportiert und dort 1943 ermordet.[189]

49. Berta Zuckerkandl,
Aufnahme
Mme. D'Ora, 1902

Vor der Machtübernahme des NS-Regimes beherbergte das
Palais Lieben-Auspitz noch andere illustre Gäste. Im vierten
Stock des Palais wohnte zwischen 1918 und 1938 die Schriftstellerin Berta Zuckerkandl-Szeps (1864–1945). Ihr Mann, Emil
Zuckerkandl (1861–1910), ein Kollege Sigmund Freuds, war ein
berühmter Anatom der Wiener Medizinischen Schule.[190] Obwohl die beiden eine Freundschaft verband und andere Ärzte
wie Julius Wagner-Jauregg oder Richard Krafft-Ebbing regelmäßig bei den Zuckerkandls verkehrten, wurde Sigmund
Freud nie Teil der Gruppe, die sich um Berta Zuckerkandl bildete.[191] Dennoch vermittelte auch sie dem „Herrn Professor" Patientinnen.[192] Die „Hofrätin", wie sie genannt zu werden pflegte,
war eine Wiener Institution und soll sowohl Inspiratorin als
auch Geburtshelferin der „Wiener Secession" sowie der Salz-
burger Festspiele gewesen sein.[193] In jedem Fall unterstützte sie
die künstlerische Revolte und deren Ergebnis – den Jugendstil
– tatkräftig mit ihrer journalistischen Feder. Auch für die „Wiener Werkstätte" rührte sie vehement die Werbetrommel. Sie

war nicht nur Journalistin und Übersetzerin, sondern auch schillernde Salondame. In ihrer Wohnung befand sich einer der wichtigsten progressiven Salons der Zwischenkriegszeit. Im Mittelpunkt des sonntäglichen Jour fixe standen die Hausherrin, die gekonnt die Fäden zwischen Kunst, Politik und Wirtschaft zog, und ihr auffallendstes Möbelstück, ein Ungetüm von einem Diwan: „Im Bibliothekszimmer steht ein überdimensionaler Diwan der leicht zehn Personen Platz bietet. Diese Diwanecke ist ein Hauptbestandteil meines geselligen Lebens. [...] Er lächelt über die neuen Reichen, die sich manches Mal bei mir versammeln und erstaunt erfahren, dass es Dinge gibt wie Geist und Ideal, die nicht zu kaufen sind. [...] Auf meinem Diwan wird Österreich lebendig".[194] Berta Zuckerkandl war nicht nur Auftraggeberin des Jugendstil-Architekten Josef Hoffmann, der das Mobiliar für die gesamte Wohnung entwarf,[195] sondern betätigte sich auch als wichtige Förderin und Mittlerin zwischen Wirtschaft und Kultur. Die Gedenktafel, die sich ihr zu Ehren rechts neben dem Eingang zum Café Landtmann befindet, ist wohl eine jener gut versteckten Ehrenbezeugungen, die man erst entdecken muss.

post scriptum

„Wir fühlen die Liebe als Himmelslicht
Und möchten ihr gerne vertrauen,
Die fühlend zum sehnenden Herzen spricht
Zu uns armen, ehrbaren Frauen.
Wir suchen die Liebe als Sphärengedicht
Und wagen sie nimmer zu schauen,
Wenn sie menschlich aus liebenden Augen spricht
Zu uns armen, ehrbaren Frauen.
Denn zwischen uns und dem holden Gesicht
Da drängen sich Schatten voll Grauen,
Als Herrscherin sieget die eherne Pflicht
Bei uns armen, ehrbaren Frauen".[196]
Anna von Lieben

50. Hotel Bristol um 1900 mit dem Sirk-Eck

Schauplatz 6

Lebensretterin und Hüterin der Asche:
Marie Bonaparte (1882–1962)

„Muß ich auf Sexualität verzichten?
Nur arbeiten, schreiben, analysieren?"[197]
Marie Bonaparte

Hotel Bristol,
1010, Kärntnerring 1

Es war im Herbst 1925, als Marie, Prinzessin von Griechenland
und Dänemark, eine kluge und schöne Dame der internationalen Aristokratie, mit ihrer Zofe im Hotel Bristol abstieg.[198]
Sigmund Freud hatte sie als Analysepatientin akzeptiert. Mit
ihrem Quartier wählte sie eine würdige Adresse, ein renom-
miertes Hotel an der Ringstraße und direkt im Zentrum Wiens
gegenüber der Oper liegend. Das Palasthotel war im Jahr 1892,
also noch vor der Jahrhundertwende, ganz im Glanz der Wiener Ringstraße als Luxustempel für die gesellschaftliche Elite
erbaut worden.[199] Es verfügte über eine American Bar, ein Bil-
lard- und ein Spielzimmer und zahlreiche Salons. Die Suiten
waren nicht nur großzügig möbliert, sondern befanden sich
mit ihren modernen Badezimmern am Puls der Zeit.[200] Besonders komfortabel war die elektrische Beleuchtung. Das Hotel Bristol war immerhin nach der Hofburg der zweitgrößte
Stromabnehmer Wiens.[201] Im Jahr 1898 konnte man sogar in
der Zeitung lesen: „Mit seinem unmittelbaren Ausblick auf die
prächtige Ringstraße und auf den Corso gehört das „Hotel
Bristol" zu den vornehmsten Etablissements der Welt".[202] Die
berühmte Promeniermeile des Corso zum Sirk-Eck wurde
dann auch in Karl Kraus Werk „Die Letzten Tage der Menschheit" zum Ausgangspunkt der einzelnen Akte.[203]

Im Hotel Bristol residierten die Mitglieder des Kaiserhauses
und des Adels sowie die internationale Prominenz. Zu den

51. Innenansicht Bad im Bristol

Gästen zählte eine ganze Liste bekannter Namen wie Arthur
Rubinstein, Pablo Casals, Enrico Caruso, Giacomo Puccini, Eleo-
nora Duse oder Arturo Toscanini.[204] Im Jahr 1916 stieg der berühmte Ballett-Tänzer Waslaw Nijinski mit seiner Frau Romola
und Tochter Kyra hier ab, obwohl er keinerlei finanzielle Mittel
mehr besaß. Er wurde trotzdem aufgenommen und sollte erst
bezahlen, nachdem der Krieg vorüber war.[205] In den Jahren
1933 bis 1936 hat zudem der Komponist zahlreicher Operet-
ten, Robert Stolz, im Hotel Bristol sein zweites Zuhause gefunden und sich hier dauerhaft einquartiert.[206]

In den geräumigen Salons des Hotels fanden immer wieder rauschende Feste statt. So etwa im Jahre 1917 – noch während des Ersten Weltkrieges –, als Alma Mahler-Werfel hier zusammen mit dem holländischen Dirigenten Mengelberg die Silvesternacht verbrachte.[207] Im Jahr 1918, kurz nach Kriegsende, stieg der Literat Franz Werfel mitten in einer Schaffenskrise hier ab. Alma Mahler-Werfel beschrieb diese Zeit in ihren Memoiren folgendermaßen: „Er war einer wirklichen Konzentration durch den Krieg unfähig geworden. Nun lagen seit Wochen die Fahnen zum ‚Gerichtstag‘ dort im Zimmer herum – zerrissen und schmutzig, und er war nicht dahin zu bringen, sie ernsthaft durchzukollationieren. So kam ich, und er mußte arbeiten, ob er wollte oder nicht, Zeile für Zeile, mit mir an seiner Seite. Und ich brachte ihn so in die Arbeit zurück, die der Krieg in ihm zerstört hatte. Es waren unvergeßliche Stunden – mit kleinen Zärtlichkeiten vermengt und doch tief ernst".[208] Der Krieg hatte vieles verändert und manches gelockert – so auch die strengen Moralvorstellungen. Zu dieser Zeit war Alma Mahler noch mit dem Architekten Walter Gropius verheiratet, erwartete jedoch von Franz Werfel ein Kind.[209] Die gemeinsamen Schäferstündchen des Dichters und der Muse im Bristol waren also überaus pikanter Natur; in Hin-

91

sicht auf das literarische Schaffen des Schriftstellers jedoch als durchaus positiv anzusehen.

Das Bristol befriedigte nicht nur die Bedürfnisse seiner wohlhabenden Klientel, sondern musste in den 1920er-Jahren, ebenso so wie das Hotel Imperial, eine Sondersteuer zur Finanzierung von öffentlichen Einrichtungen abliefern. Mit diesen Geldern wurden die Kinderfreibäder der Gemeinde Wien finanziert,[210] was zumindest einer partiellen Umverteilung der Finanzen von Reich zu Arm entsprach. Urheber dieser Idee war der sozialdemokratische Finanzstadtrat von Wien, Hugo Breitner. Er hatte zahlreiche neue Abgaben eingeführt, um der Not leidenden Bevölkerung menschenwürdige Wohnungen und Zugang zu sozialen Errungenschaften zu ermöglichen. So konnte zum Beispiel mit der „Automobil-Abgabe" die gesamte Schülerausspeisung finanziert werden, und die „Hauspersonal-Abgabe" der Familie Rothschild allein ermöglichte die Finanzierung eines ganzen Waisenhauses.[211]

Die französische Tänzerin und Sängerin Yvette Guilbert, die während ihrer zahlreichen Wien-Aufenthalte ebenfalls im Hotel Bristol logierte, berührten diese sozialen Fragen kaum. Sigmund Freud hatte sie bereits während seines Paris-Aufenthaltes kennen- und schätzen gelernt. Durch Yvette Guilberts Nichte Eva Rosenfeld, eine in Wien lebende Analytikerin, vertiefte sich der Kontakt in der Zwischenkriegszeit. Wann immer die Künstlerin in Wien auftrat versäumte es der „Herr Professor" nicht, sie im Bristol zu besuchen.

Während Yvette Guilbert oft nur kurz im Hotel Bristol weilte, wurde das Haus für Prinzessin Marie Bonaparte zu einem wichtigen Ankerpunkt. Ihre Suite war nicht nur Schlafstätte, sondern vor allem ein Ort der Tat. Hier verarbeitete die Patientin ihre Analyse, die sie — oft zweimal täglich — beim „Herrn Professor" absolvierte.[212] Hier schrieb die Literatin ihre Texte, hier formulierte die Übersetzerin die Worte für Sigmund Freuds Publikationen.[213] Dabei war die Sache zunächst nur langsam angelaufen, denn die erste „Audienz" der Prinzessin bei Sigmund Freud im Jahr 1925 musste erst mühsam einge-

53. Marie Bonaparte, in mittleren Jahren

fädelt werden. Marie Bonaparte hatte den Kontakt zu Freud
über Dr. René Laforgue, den späteren Mitbegründer der fran-
zösischen Psychoanalytischen Vereinigung, herstellen lassen.
Laforgue war Arzt und 1913 durch die Lektüre der Traumdeutung auf Freud gestoßen. Seine Lehr-Analyse absolvierte er
bei Madame Sokolnicka, einer Polin. Sie hatte bei Sigmund
Freud in Wien und bei Sándor Ferenczi in Budapest ihre Ausbildung gemacht und praktizierte nun als Erste die Psychoanalyse in Frankreich.[214] Madame Sokolnickas Ausstrahlung be-

54. Freud 1938, Emigration in Paris bei Marie Bonaparte

eindruckte sowohl ihre Schüler und Schülerinnen als auch zahlreiche Literaten. So wurde sie von André Gide in dem Werk „Die Falschmünzer" als „Madame Sophroniska" verewigt[215]. In den einsamen Stunden am Krankenbett ihres Vaters hatte Marie Bonaparte verschiedene Texte Freuds gelesen und schätzen gelernt. Es lag also nichts näher, als René Laforgue, den Wegbereiter Sigmund Freuds in Frankreich, zu bitten, den Kontakt zum verehrten Meister herzustellen. Zunächst war Freud wenig begeistert und verlangte von Laforgue einen Persilschein über die Seriosität der Prinzessin.[216] Am 30. September 1925 machte Marie Bonaparte endlich die ersehnte Bekanntschaft,[217] die für beide Teile der Beginn einer lebenslangen Freundschaft werden sollte. Schon ein Jahr später erhielt

sie von Sigmund Freud das Zeichen besonderer Wertschätzung – einen handgefertigten, kostbaren Ring. Seit dem Jahre
1914 hatte der Professor spezielle Gemmen in Ringe fassen lassen und an besondere Schüler und Schülerinnen vergeben.
Nur wenigen Frauen wurde diese Ehre zuteil: Neben Marie
Bonaparte besaßen Anna Freud, Lou Andreas-Salomé, Frau
Jones und Prinzessin Eugénie, die Tochter Marie Bonapartes,
das Privileg, einen solchen Ring zu tragen. [218]
   Für Marie Bonaparte besaß der Ring vor allem symbolischen Wert, denn auf luxuriöse Spenden war sie nicht angewiesen. Im Gegenteil: Sie verfügte über ein beträchtliches
Vermögen – ihr Großvater mütterlicherseits hatte das Spiel-
casino in Monte Carlo mitbegründet[219] –, das sie großzügig in
die Entwicklung und Verbreitung der Psychoanalyse inves-
tierte. Ohne derartiges Mäzenatentum hätte die neue Wissenschaft kaum einen so großen Erfolg verbuchen können. So
unterstützte Marie Bonaparte die Gründung der „Société
Psychoanalytique de Paris" im Jahre 1926 und finanzierte unter anderem das 1934 gegründete „Institut de Psychoanalyse".[220] Zudem bewahrte sie den Psychoanalytischen Verlag in
Wien vor dem Konkurs und kaufte den Briefwechsel zwischen
Sigmund Freud und Wilhelm Fließ aus dem Nachlass des Letz-
teren auf. Damit stellte sie eine zentrale Quelle für die Früh-
geschichte der Psychoanalyse sicher.[221] Im Jahr 1938 überzeugte sie den verehrten Meister schließlich davon, samt
Familie nach England zu emigrieren, und stellte die dafür
nötige „Reichsfluchtsteuer"[222] bei. Insgesamt rettete sie in der
Folge 200 Intellektuellen das Leben.[223] Die hohe Wertschätzung, die Freud „seiner Prinzessin" entgegenbrachte, ging sym-
bolisch über seinen Tod hinaus. Sigmund Freuds Asche ruht in
einer griechischen Vase, die ihm „Ihre königliche Hoheit" zum
Geschenk gemacht hatte.[224]
   Durch die Begegnung mit Sigmund Freud und den Ideen
der Psychoanalyse gewann die Prinzessin sowohl einen Ersatz-
vater als auch eine berufliche Orientierungshilfe. Insgesamt
spiegelt Marie Bonapartes Biografie die ganze Palette der Am-

bivalenzen zwischen weiblicher Anpassung und Befreiung wider: Die Mutter war kurz nach der Geburt verstorben, so dass das reiche Mädchen – vom Vater vernachlässigt und von familiären Intrigen umgeben – in emotionaler Armut aufwuchs. Trotz ihrer Intelligenz blieb ihr die väterliche Anerkennung verwehrt; anstelle von Bildung war für die „Frau von Stand" nur eine „gute Partie" vorgesehen. Intellektuell unterfordert, fand sie Anregungen im autodidaktischen Studium.

Die Hochzeit mit Prinz Georg von Griechenland im Jahre 1907 bescherte dem Paar zwar zwei Kinder, der Prinzessin jedoch wenig Verständnis von Seiten des Ehemannes – der sich bald ausschließlich der Beziehung zu einem Onkel widmete.[225] So griff Marie Bonaparte, politisch liberal und privat experimentell eingestellt, auf Liebhaber zurück und wurde dennoch nicht befriedigt. Das für Frauen in sexuellen Dingen errichtete Tabu brach sie, indem sie es für sich persönlich und in ihren Schriften zum öffentlichen Thema machte.[226] Mit Hilfe von Operationen ließ sie sich nicht nur die Brüste korrigieren,[227] sondern auch, wie man damals glaubte, um sexuell „genussfähiger" zu werden, die Klitoris operieren und der Harnröhre zuführen[228] – wenngleich ohne das erwünschte Ergebnis. Das Dilemma „Ihrer königlichen Hoheit" war also ein allgemein weibliches! Frauen wurden weder in ihren sinnlichen noch in ihren intellektuellen Bedürfnissen entsprechend wahrgenommen. Ihre Ansprüche auf sexuelle Erfüllung wurden pathologisiert und medizinisch oft falsch therapiert.

Der Weg, der Marie Bonaparte zu Sigmund Freud führte, war ein Versuch, diesem Dilemma in den Landschaften der Seele zu begegnen. Ihr Engagement für die Psychoanalyse ermöglichte es ihr zwar nicht, eine erfüllte Sexualität zu entwickeln, sorgte jedoch dafür, dass sie ihre körperlichen Triebe – ganz im Sinne des Ersatzvaters – durch schriftstellerische und analytische Aktivitäten sublimieren konnte. Prinzessin Marie Bonaparte war nicht nur Mäzenin des Professors, sie war auch seine enge Vertraute und Mitarbeiterin. Frei denkend und kosmopolitisch wie sie war, behandelte sie Menschen auf

ihre eigene Art und Weise: Sie lud sie zu ihren Wohnsitzen in Saint-Tropez oder Athen ein. Hier war sie sowohl Analytikerin als auch Gastgeberin. Als Behandlungsort wählte sie bevorzugt den Garten.[229] Als Übersetzerin der Werke Sigmund Freuds ins Französische trug sie wesentlich zur Internationalisierung Freud'scher Ideen bei. Als praktizierende Analytikerin fand sie neben den für sie langweiligen Repräsentationen einer „königlichen Hoheit" auf persönlicher Ebene den Weg zur beruflichen Orientierung und weiblichen Professionalisierung. Ihre Publikationen sind jedoch bis heute weitgehend unbekannt geblieben.

55. Die Urne
Sigmund Freuds im
Krematorium
Golder's Green, London

56. Hotel Imperial, Kärntnerring 16

post scriptum

Im Jahr 1938 tauschte die Österreichische Kontrollbank das Aktienpaket des Bristol-Besitzers Samuel Schallinger gegen die Ausreisekosten des Hoteliers. Dennoch wurde er 1942 in das Konzentrationslager Theresienstadt deportiert, wo er bald darauf ums Leben kam.[230] 1945 wurde das Bristol zur Einquartierung des Generalkommandos der Roten Armee beschlagnahmt später als US-Hauptquartier genutzt.[231] Am 5. November 1955 feierte das Hotel – zugleich mit der Staatsoper – seine Wiedereröffnung.[232]

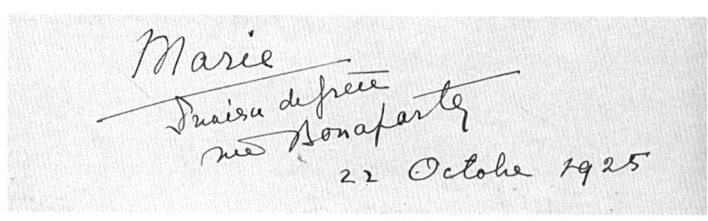

57. Unterschrift Marie Bonapartes im Gästebuch des Hotel Bristol

„In Wien, wo Literatur, Kunst, Musik, Philosophie und Geschäft in Kaffeehäusern ihr Heim hatten, war es nur natürlich, daß auch Mac Eck, die Weisheit in persona, an einem Café-Tisch thronte. In einer Ecke des Café Imperial saß er von Morgen bis Mitternacht. Er hatte seinen Ziegenbart und einen mongolischen Augenausschnitt. Sein Alter war selbst seinen vertrautesten Freunden nicht bekannt … Julius, der alte Oberkellner, behauptete jedenfalls, er habe Mac Eck schon in der gleichen Ecke des Cafés vorgefunden, als er seine Laufbahn als Piccolo begann. Selbst unter den berühmtesten Wiener Berühmtheiten gab es keinen, der sich nicht gern an Mac Ecks Stammtisch eingefunden hätte. H. Wolf, J. Strauß, E. Blavatzky und A. Besant, Ferdinand Brukner, Freud, Adler, Trotzki – sie alle berieten sich mit ihm. Wenn H. von Hofmannsthal, Werfel und Rilke über ein Gedicht im Zweifel waren, so pilgerten sie zu Mac Eck. Architekten legten ihm ihre Baupläne, Mathematiker ihre Gleichungen, Physiker ihre Formeln, Komponisten ihre Partituren zur Begutachtung vor. Juristen und Psychoanalytiker besprachen ihre Fälle mit ihm."[233]

Das Café Imperial und Friedrich Eckstein.

58. Das Haus Wittgenstein – Bulgarisches Kulturinstitut

Schauplatz 7

Architektur als Arbeitstherapie :
Margaret Stonborough-Wittgenstein (1882–1958)

„Was Freud über das Unbewusste sagt, klingt wie eine Wissenschaft,
aber eigentlich ist es bloß ein Mittel der Darstellung"[234]

Ludwig Wittgenstein

Haus Wittgenstein
1030 Wien, Parkgasse 18

Das Haus Wittgenstein stellt ein singuläres Bauwerk menschlicher Beziehungen und Aktivitäten dar. Als Inbegriff eines Kulturdenkmals beinhaltet es jene Aspekte der in die Geschichte des Hauses involvierten Persönlichkeiten und eines speziellen kreativen Milieus, die in den Ambivalenzen der Moderne ihren Ausdruck finden. Das Baujuwel wird zumeist fälschlich in erster Linie über seinen Architekten Ludwig Wittgenstein definiert. Die Initiatorin und aktive Mitgestalterin des Hausbaus aber war eine Frau: Margaret Stonborough-Wittgenstein, die um sieben Jahre ältere Schwester des Philosophen.

Margaret Wittgenstein wurde 1882 als siebentes von neun Kindern geboren. Sie war die jüngste Tochter des Stahlmagnaten Karl Wittgenstein und seiner Frau Leopoldine. Karl Wittgenstein avancierte in der österreichisch-ungarischen Monarchie zu einem der wohlhabendsten Industriellen. Mit seinem unermesslichen Reichtum finanzierte er nicht nur maßgeblich den Bau der Wiener Secession[235], sondern nahm – beraten und beeinflusst von seiner Tochter Hermine, die selbst Malerin war – auch gegenüber der bildenden Kunst und der „Wiener Werkstätte" seine mäzenatische Rolle wahr. So förderte er unter anderem Gustav Klimt, der 1904 das berühmte, aber von Margaret nicht geschätzte Porträt anfertigte.[236]

Margaret wuchs, ebenso wie ihre Geschwister, in einer herrschaftlich-aristokratischen und zugleich streng leistungsorientierten Atmosphäre auf. Das patriarchale System eines dominanten Vaters mit schier übermenschlichen Ansprüchen an sich und seine Kinder forderte seinen Preis. Die drei ältesten Söhne begingen Selbstmord.[237] Die Krise des männlichen Subjekts, Wesensmerkmal der Wiener Moderne, bildete sich deutlich am Familiensystem der Wittgensteins ab. Wo die Brüder scheiterten, revoltierten die Töchter. Margaret entwickelte sich zu einer unabhängigen und klugen Frau, die allem Neuen gegenüber aufgeschlossen war. Sie zeichnete nicht nur, sondern besaß auch ein ernsthaftes kulturelles und wissenschaftliches Interesse. Neben den Klassikern las sie zeitgenössische Autoren wie Arthur Schopenhauer, Otto Weininger oder Ernst Mach[238] und empfahl sie ihrem jüngeren Bruder Ludwig, dessen philosophische Laufbahn sie auf diese Weise maßgeblich prägte. Zudem beschäftigte sie sich mit mathematischen und naturwissenschaftlichen Theorien ebenso wie mit Soziologie und Psychologie. Sie abonnierte Karl Kraus' Zeitschrift „Die Fackel" und animierte ihren Bruder zur Lektüre. Natürlich vertiefte sie sich, ganz den öffentlichen Diskussionen folgend, auch in die Publikationen von Sigmund Freud. Ihr Bruder Ludwig beschäftigte sich wahrscheinlich seit 1919 mit dessen Schriften.[239] Die beiden Geschwister pflegten, sich immer wieder gegenseitig ihre Träume zu erzählen und zu deuten. Die Faszination und die Ablehnung, die Ludwig Wittgenstein den Thesen Sigmund Freuds entgegenbrachte, spiegelte sich in seiner philosophischen Auseinandersetzung mit der Psychoanalyse wider.[240]

Margaret Wittgenstein war eine zentrale Figur der Wiener Gesellschaft und kannte Gott und die Welt. Wahrscheinlich durch ihren Cousin, den Physiologen Ernst von Brücke,[241] war sie auch mit dem „Herrn Professor" persönlich bekannt geworden. Sie gab ihren pubertierenden Sohn Tommy zu ihm in Behandlung.[242] Margaret Stonborough-Wittgenstein entwickelte den neuen psychoanalytischen Theorien gegenüber, bei denen ihr vor allem die ethische Komponente fehlte, jedoch eine kri-

59. Gustav Klimt – Porträt von Margaret Stonborough-Wittgenstein

60. Anton Hanak, „Magna Mater" um 1924, Wien 23

tische, ambivalente Haltung und meinte: „Schade, daß der Freud so ein Tepp + so verrannt ist".[243] Dennoch begab sie sich selbst 1937 in analytische Behandlung zu Sigmund Freud.[244] Da er zu dieser Zeit jedoch bereits schwer mit einer Krebserkrankung am Gaumen zu kämpfen hatte, musste die Analyse immer wieder unterbrochen werden. Zahlreiche chirurgi-

104

sche Eingriffe hatten seine Krankheit zwar aufhalten, das Wachstum des Tumors jedoch nicht unterbinden können.[245] Die Prothese, die Freud tragen musste, schmerzte ihn und behinderte sein Sprechen, oft war er nur mit Mühe zu verstehen.

Margaret Wittgenstein wollte ursprünglich Architektur studieren, entschloss sich dann aber, Mathematik und Physik an der Universität Zürich zu inskribieren. 1904 heiratete sie den amerikanischen Lebemann Jerome Stonborough, behielt jedoch, widerspenstig und familienbewusst wie sie war, ihren Mädchennamen. Nach schwierigen Wanderjahren mit dem rastlosen Gemahl lebte sie seit 1923 getrennt von ihm, stand ihm jedoch während seiner zahlreichen Lebenskrisen immer wieder hilfreich zur Seite. Vom Krebs gezeichnet und ohne Zukunftsperspektive, sollte Jerome Stonborough im Jahr 1938 Selbstmord begehen.[246] Margaret hingegen, obwohl selbst auch immer wieder von Depressionen geschüttelt, führte ein überaus aktives Leben. Nach dem Ersten Weltkrieg funktionalisierte sie eine Amerikareise in eine einzigartige Geldsammelaktion für hungernde Kinder in Wien um. Ihr Erfolg zeigte in Europa und Amerika großes mediales Echo.[247] Vermutlich in Anspielung auf das hohe sozialpolitische Engagement Margret Stonborough-Wittgensteins hat auch der berühmte Bildhauer Anton Hanak der Büste „Magna Mater", Metapher der „Caritas" bzw. der „Mutter Wiens", ähnliche Züge verliehen wie jener Büste, die er von Margaret schuf.[248] Die Skulptur der „Magna Mater" stand ursprünglich in der Kinderübernahmestelle in der Lustkandlgasse 50. Sie befindet sich nun jedoch im 23. Bezirk gleich neben der Kirche im so genannten Maurer-Rathaus-Park.

Margaret Stonborough-Wittgensteins soziales Engagement erstreckte sich bis in die Privatsphäre. So nahm sie zusätzlich zu den zwei eigenen Söhnen zwei Pflegekinder in ihr großzügig geführtes Haus auf. Josef Hoffmann wurde zu ihrem wichtigsten Architekten, was diesem eine über zwanzig Jahre dauernde Auftragslage verschaffte.[249] Sie war auch eng mit dem sozialdemokratischen Finanzstadtrat Hugo Breitner be-

freundet, der durch seine Wohnbausteuer den sozialen Wohn-
bau in Wien möglich machte. Breitner, nicht nur ein origineller Finanzpolitiker, sondern auch Musikliebhaber, war oft in
ihrem Palais zu Gast.[250] Hier führte sie einen musikalischen
Salon, der stets ein geselliger Treffpunkt der intellektuellen und
künstlerischen Avantgarde war. Die angeregten Diskussionen
in ihrem Hause übten unter anderem auf Ludwig Wittgenstein
nachhaltigen Einfluss aus. So prägte Margaret Stonborough-
Wittgenstein maßgeblich das geistige und kulturelle Wien der
Zwischenkriegszeit.

Im Jahr 1938, als Sigmund Freud samt Familie aufgrund seiner jüdischen Abstammung in Lebensgefahr schwebte, verhalf
Margaret Stonborough-Wittgenstein – gemeinsam mit ihrer
Freundin, Prinzessin Marie Bonaparte – der Familie Freud zur
Emigration aus Wien. Sie war bereits seit dem Ersten Weltkrieg
mit der Prinzessin befreundet gewesen; nun bewährte sich der
gute Kontakt. Zudem besaß Margaret Stonborough-Wittgenstein gute Beziehungen zur internationalen Diplomatie und
war als amerikanische Staatsbürgerin mit den US-Behörden in
Wien vertraut. Der amerikanische Geschäftsträger in Wien, Mr.
John Cooper Wiley, intervenierte bei den österreichischen Stellen immer wieder zugunsten einer Ausreise der Familie Freud.
Dem Einfluss Wileys ist es vermutlich auch zu verdanken, dass
Anna Freud, die von der Gestapo verhaftet worden war, schnell
wieder freikam.[251] Bei der endgültigen Abreise der Familie
Freud befand sich in der Folge ein Angestellter der amerikanischen Botschaft im Zug, der die Emigration nach England unaufdringlich beaufsichtigte.[252] Margaret Stonborough-Wittgenstein konnte aber nicht nur bei der Emigration der Familie
Freud erfolgreich intervenieren; sie rettete in der Folge auch
zahlreichen anderen jüdischen Personen das Leben.[253]

Das Palais Wittgenstein manifestiert schon allein durch seine
bemerkenswerte Baugeschichte eine besondere Schwester-Bruder-Beziehung und kann als Denkmal einer Lebensrettung
gelten. Der Bau des Hauses beinhaltete gleichsam eine Arbeitstherapie für den depressiven und selbstmordgefährdeten Bruder

Margaret Stonborough-Wittgensteins. So betrachtet, könnte man das Palais als eine in Architektur verpackte und in Stein gemeißelte Konsequenz der Psychoanalyse verstehen. Mitte der 1920er-Jahre befand sich Ludwig Wittgenstein zum wiederholten Male in einer Lebenskrise. Als Volksschul-Lehrer wegen körperlicher Züchtigung entlassen und durch den Tod der Mutter emotional angeschlagen, trug er sich wieder einmal mit Todesgedanken. Margaret schuf tatkräftig Abhilfe – sie übergab ihm einen Auftrag: Zwischen 1926 und 1928 betätigte sich der Philosoph auf Bitten seiner schwesterlichen Bauherrin als Architekt. Die Therapie wirkte; die Todessehnsüchte verschwanden und Wittgenstein schuf ein Baujuwel der Moderne.

Margaret Stonborough-Wittgenstein war auch eigenständige Mitgestalterin, die sich immer wieder aktiv in die Bauarbeiten einmischte. So tragen etwa die berühmten Heizkörper des Palais Wittgenstein eindeutig die Handschrift Margarets.[254] Sie hatte nämlich schon bei den Heizkörpern in ihrem Gmundner Sommersitz, der Villa Toscana, Funktionalität mit Ästhetik verbunden. In der Wiener Stadtresidenz manifestierte sich das architektonische Verständnis der Bauherrin in vielfältiger Weise. Das Haus war großzügig dimensioniert und damit „klassisch", gleichzeitig einfach gestaltet und in seiner Ausführung hoch präzise.

61. Anton Hanak, „Gewandfigur", Margaret Stonborough, um 1925

62. Margaret Stonborough-Wittgenstein, Ende der 1940er Jahre

Das Ergebnis entsprach sowohl dem Schöpfer als auch der Auftraggeberin. Dank Margarets Initiative bietet das Palais nicht zuletzt einen monumentalen Beleg für die Lebensrettung Ludwigs. Dieser übersiedelte nach der Fertigstellung des Hauses im Jahr 1928 nach England und begann dort seine Karriere als Philosoph. Margaret bezog ihr Haus noch im selben Jahr. Als Kosmopolitin und inspirierende Zentralfigur ihres Domizils animierte sie es mit ihrem Salon bis zum Jahr 1938. Mit dem Palais Wittgenstein prägte sie als Mäzenin, Intellektuelle und Wohltäterin wesentlich das kulturelle und soziale Leben Wiens. Sie überlebte ihren um sieben Jahre jüngeren Bruder um genau sieben Jahre und starb am 27. September 1958 an Herzversagen.[255]

post scriptum

1975 wurde das Baujuwel der österreichischen Moderne, das aus Spekulationsgründen beinahe abgerissen worden wäre, in letzter Minute gerettet und von der Republik Bulgarien gekauft. Seither fungiert es als Kulturinstitut der Bulgarischen Botschaft.[256]

63. Die Praterstraße – Prachtboulevard in der Leopoldstadt

Schauplatz 8

Geburt der Redekur:
Bertha Pappenheim alias Anna O. (1859–1936)

„Psychoanalyse ist in der Hand des Arztes, was
die Beichte in der Hand des katholischen Geist-
lichen ist; es hängt vom dem Anwender und der
Anwendung ab, ob sie ein gutes Instrument oder
ein zweischneidiges Schwert ist."[257]

Bertha Pappenheim

1020, Praterstraße 68

An einem schwülen Sommerabend im Jahr 1883 besuchte Sigmund Freud seinen väterlichen Freund und Gönner, Dr. Josef
Breuer und wurde „von diesem zunächst zur Abkühlung in die
Badewanne gejagt".[258] Durch das Wasser erfrischt und das
Abendessen gestärkt, fachsimpelten die beiden über „Nervenkrankheiten und merkwürdige Fälle", wie Freud seiner Braut
Martha in einem Brief berichtete. „Deine Freundin Bertha Pappenheim kam wieder aufs Tapet, und dann wurden wir intim
persönlich und sehr vertraut, und er erzählte mir manches, was
ich erst wieder erzählen soll, wenn ich mit Martha verheiratet
bin."[259] Was genau mit dieser Andeutung gemeint war, liefert
bis heute Stoff für Spekulation und Rätsel.

Bertha Pappenheim kam am 27. Februar 1859 als dritte
Tochter des Siegmund Pappenheim und seiner Frau Recha in
Wien zur Welt. Wie die Familie Freud waren auch die Pappenheims nach Wien zugezogen. Vater Pappenheim, ein rei-
cher Getreidehändler, wurde in Pressburg geboren. Berthas
Mutter stammte aus dem Frankfurter Geldadel und war nicht
nur entfernt mit dem Dichter Heinrich Heine, sondern auch
mit Sigmund Freuds Verlobter Martha Bernays verwandt.
Ganz in der Tradition jüdischer Immigranten aus dem Osten

64. Produktenbörse Taborstraße 10

65. Dianabad während eines Bal masqué

siedelte sich die Familie in der Leopoldstadt, Praterstraße 68, der einzigen Prachtstraße in einem sonst eher ärmlichen Bezirk[260], an. 1873, anlässlich der Weltausstellung wurde die Praterstraße zu einer mondän-eleganten Prachtstraße ausgebaut und war einer der schönsten Wiener Boulevards. Das 1951 wegen schwerer Bombenschäden abgerissene Carltheater, Praterstraße 31, in dem u. a. auch Johann Nestroy seine Possen riss, galt als eines der berühmtesten Theater Wiens. Der angrenzende „Prater" war mit seinen Caféhäusern und Publikumsattraktionen ein beliebtes Ausflugsziel der Wiener Bevölkerung. Zu den prominenten Bewohnern der Praterstraße gehörten u. a. der spätere Bundespräsident Dr. Karl Renner, der Dramatiker Arthur Schnitzler, und nicht zuletzt der Walzerkönig, Johann Strauß Sohn, der auf Nummer 54 den weltbekannten Donauwalzer komponierte. Die Uraufführung fand im Fasching 1867 im nahe gelegenen Dianasaal, einem Schwimmbad, das durch Abdeckung des Bassins auch als Ball- und Konzertsaal verwendet werden konnte, statt. Der von Mitgliedern des Wiener Männergesangsvereins vorgetragene Chorwalzer wurde vom Premierenpublikum nur mäßig beklatscht und fiel durch. „Den Walzer mag der Teufel holen, nur um die Coda tut's mir leid – der hätt' ich einen Erfolg gewünscht", soll Johann Strauß nach der Aufführung geäußert haben[261].

Die Familie Pappenheim war streng religiös.[262] Speisevorschriften wurden genau beachtet und Feiertage auf traditionelle Weise begangen. Der Vater finanzierte den Bau der 1864 eröffneten „Schiffsschul", dem Zentrum der orthodoxen Juden in Wien. Beruflich erfolgreich, blieb ihm jedoch der in jüdischen Familien heiß ersehnte Sohn lange versagt.[263] „Töchter waren unerwünscht" konstatierte Bertha Pappenheim kritisch „und überdies mit ihren teuren Ansprüchen und ihren kostspieligen Hoffnungen eine große Last für ihre Familie."[264] Als höhere Tochter wuchs Bertha streng behütet auf. Sie wurde jedoch nicht nur von Gouvernanten unterrichtet, sondern auch auf eine katholische Privatschule geschickt. Viel Allgemeinbildung stand dort nicht auf dem Programm – dafür aber das

66. Joseph Breuer, Kohle von Emil
Fuchs, Foto 1897

67. Bertha Pappenheim alias Anna
O., ca. 1880

Lernen von Sprachen. Bertha galt als sprachbegabt und be-
herrschte neben Englisch, Französisch, Italienisch auch Jiddisch
und konnte hebräisch lesen. Mit sechzehn Jahren endete Berthas Schulzeit. Nun wurde sie von ihrer Mutter in die jüdischen
Traditionen, z. B. die Zubereitung ritueller Speisen, eingeführt.
Die Tochter aus gutem Haus lernte Sticken, Spitzenklöppeln
und Perlenketten fädeln. Bertha, die ihren jüngeren Bruder um
die Möglichkeit, ein Gymnasium und später die Universität besuchen zu können, beneidete, fühlte sich intellektuell unterfordert. Dieser Leere entfloh sie, wie ihr späterer Arzt Josef Breuer
konstatierte, durch Tagträume. „Während alle sie anwesend
glaubten, lebte sie im Geiste Märchen durch, war aber, ange-
rufen, immer präsent, so dass niemand davon wusste."[265]
     Berthas Verhältnis zu ihrem Vater wurde als sehr gut be-
schrieben.[266] Er schien sie, nicht wie im orthodoxen Judentum
üblich, in eine arrangierte Ehe gedrängt zu haben. Mit einund-
zwanzig Jahren lebte Bertha noch immer unverheiratet bei ihrer Familie. Den Sommer 1880 verbrachten die Pappenheims
in Bad Ischl, wo der Vater schwer erkrankte. Bertha und ihre

Mutter wechselten sich bei seiner Pflege ab. Bereits nach wenigen Wochen erkrankte auch Bertha – zunächst nur an einem heftigen Husten. Nach ihrer Rückkehr aus der Sommerfrische wurden Vater und Tochter vom Hausarzt der Familie, Dr. Josef Breuer, behandelt. Allerdings durfte Bertha ihren Vater nur mehr sporadisch sehen. Bertha musste sich heimlich an seine Zimmertür schleichen, um zu hören, ob er noch am Leben war. Deswegen behielt sie ihre Strümpfe auch im Bett an, was ihr von Seiten ihrer Familie als merkwürdiges Verhalten ausgelegt wurde.[267] Nach dem Tod ihres Vaters im April 1881 verschlechterte sich ihr Zustand. Neben Lähmungserscheinungen traten Sprachschwierigkeiten auf. Schließlich konnte sie gar nicht mehr sprechen und wenn – dann nur Englisch. Als auch noch Selbstmordgedanken aufkamen, entschlossen sich die Angehörigen, Bertha gegen ihren Willen in einer Heilanstalt unterzubringen.[268] Den Sommer 1881 verbrachte sie im Sanatorium Inzersdorf, wo sie mit ihren Dienstboten eine kleine Villa bewohnte. Hier hatte man „nicht das Gefühl, in eine ‚Anstalt' zu kommen, sondern empfand sich als willkommener Gast. Freundlich und heiter war der große, mit Blumenbeeten und einem Springbrunnen geschmückte Hof. Einfach und schön war das große Gebäude, ganz mit Efeu überwachsen."[269] Hier hatten auch die Dichter Josef Weinheber und Peter Altenberg ihre seelischen Krisen zu heilen versucht.

Nach ihrer Entlassung wurde die Behandlung von Berthas Symptomen wieder von Dr. Breuer übernommen. Er kam zweimal täglich in die Wohnung der Familie Pappenheim, hypnotisierte Bertha, versuchte, ihr Erzählungen abzuringen und verabreichte ihr Morphium und Schlafmittel. Im Laufe der Behandlung machte Breuer die Erfahrung, dass das Erinnern affektbesetzter Erlebnisse im hypnotischen Zustand und das geduldige Zuhören seinerseits die hysterischen Symptome der Patientin linderten.[270] Bertha selbst bezeichnete die Therapie als „Rede-Cur".

Mit dem Abreagieren von Affekten durch Erinnern und Erzählen war ein wesentliches Grundelement, der 1896 von

Freud erstmals als Psychoanalyse bezeichneten Behandlungsmethode geboren.[271] Später wurde die Hypnose durch die Auf-
forderung des Arztes zur freien Assoziation ersetzt. In den frühen 80er-Jahren des 19. Jahrhunderts jedoch übte Hypnose
nicht nur auf Ärzte eine besondere Faszination aus. Im Februar
1880 gastierte der berühmte Hypnotiseur Carl Hansen im
Ringtheater, einem der größten Theater Wiens. Das Publikum
stürmte die Vorführungen, bevor sie abgesetzt wurden. Es kam
zu tumultartigen Szenen als ein „Opfer" gestand, den hypnotischen Zustand nur vorgetäuscht zu haben.[272] In den Zeitungen
debattierte man heftig über Hansen und seine Kunst.[273] In
Gymnasien wurde genauso hypnotisiert wie im schöngeistigen
Salon der Familie Wittgenstein.[274] Wien versank im Hypnose-
taumel.

68. Der Magnetiseur
Hansen in Wien,
1880, Illustriertes
Wiener Extrablatt

Arthur Schnitzler, damals noch Medizinstudent, berichtet in
seiner Autobiografie, dass hypnotische Zustände und ihre
Symptome, die denen von Hysterikerinnen sehr ähnlich
waren, auch aus Jux simuliert wurden. „Bei einer solchen Gele-
genheit geschah [...] es, daß in einer Volksgartenallee ein jun-
ges Mädchen, Jüdin, mehr rassig als hübsch, höchst unge-
zwungen mit mir anknüpfte, indem sie im Vorübergehen
meinen Namen flüsterte. Auf meine Frage, woher sie mich
kenne, erhielt ich die Antwort, daß sie mich auf der Poliklinik

gesehen habe, wohin sie eine leidende Freundin begleitet hätte; sie selbst stellte sich als angehende Schauspielerin vor und bewies mir ihr Talent schon bei unserem nächsten Beisammensein, indem sie Miene machte, sich im Bett mit ihren aufgelösten schwarzen Haaren zu erdrosseln, was nur zum geringeren Teil Hysterie und zum größeren Komödie war. Dieses unbequeme Betragen veranlaßte mich zu einem schleunigen Abbruch der Beziehungen."[275]

Sigmund Freud, der in Paris Professor Charcots Behandlung von Hysterikerinnen durch Hypnose miterlebt hatte, setzte diese Technik selbst bei seinen ersten Patientinnen, z. B. bei Elise Gomperz oder Anna von Lieben, ein. Später nahm er von der Hypnose Abstand und rückte freie Assoziation sowie empathisches Zuhören ins Zentrum der von ihm entwickelten therapeutischen Praxis.[276] Am 7. Juni 1882 wurde die Behandlung Bertha Pappenheims abrupt abgebrochen. Die tatsächlichen Geschehnisse lassen sich nur schwer rekonstruieren. Sigmund Freud, damals mit Breuer befreundet, trug nicht zuletzt selbst zu diesem Rätsel bei, indem er unterschiedliche Versionen über das Ende der Behandlung erzählte.[277] 20 Jahre nach Erstveröffentlichung der 1895 von Freud und Breuer gemeinsam publizierten „Studien über Hysterie"[278], warf Freud seinem ehemaligen Mitstreiter vor, die Bedeutung sexueller Übertragung in der Beziehung zwischen Arzt und Patientin nicht erkannt zu haben.[279]

Im Viktorianischen Zeitalter hatten Frauen kaum Chancen, aus dem Korsett tradierter Rollen auszubrechen. Abseits ihrer Salons und Haushalte wurde ihnen ein Denkverbot auferlegt, eine Tatsache, der sich Berthas behandelnder Arzt Josef Breuer sehr wohl bewusst war. In seiner Darstellung der Krankengeschichte führte er den Ausbruch der Krankheit u. a. auf einen „in monotonen Familienleben und ohne entsprechende geistige Arbeit unverwendeten Überschuß von psychischer Regsamkeit und Energie"[280] zurück. Viele der frühen, an hysterischen Symptomen leidenden Patientinnen Freuds und seiner Kollegen wurden von ihren Ärzten als überdurchschnittlich in-

69. Bertha Pappenheim mit einer Mädchengruppe

telligent und gebildet beschrieben.[281] Nur den wenigsten gelang jedoch der Ausbruch aus dem sozialen Gefängnis, das Krankheit und Leid produzierte, in ein tätiges und zumindest in Teilen selbst bestimmtes Leben. Bertha Pappenheim war eine solche Ausnahme. Von Breuer nach Abbruch der Behandlung für gesund erklärt,[282] wurde sie in den nächsten Jahren immer wieder in Kliniken eingeliefert, ohne dass sich ihre Beschwerden oder ihre Morphium-Sucht besserten. Zum Abklingen ihrer Zustände kam es erst, als sie mit ihrer Mutter von Wien nach Frankfurt übersiedelte.

Auf Anraten ihrer Verwandten begann sich die 30-Jährige in der Wohlfahrt jüdischer Frauen und Kinder einzusetzen. Ihre Fantasiegeschichten verarbeitete sie zu Erzählungen, die auch publiziert wurden. Als Leiterin eines jüdischen Heimes für Frauen und Mädchen verfügte sie nun erstmals über eine eigene Wohnung. Allein lebend, befasste sie sich mit Frauenrechten, insbesondere mit der Stellung der Frau im Judentum. Sie übersetzte Mary Wollstonecrafts „Verteidigung der Rechte der Frau"[283] 1899 ins Deutsche und entwickelte das Konzept der sozialen Mutterschaft, verstanden als Engagement für kleinere und größere Menschen, die dringend der Zuwendung bedurften. In den 1920er-Jahren wurde Bertha Pappenheim zur international anerkannten Vorkämpferin gegen den Frauenhandel von Ost- nach Mittel- und Westeuropa. So sehr Bertha Pappenheim in ihrem zweiten Leben auch die Öffentlichkeit suchte – über ein Thema schwieg sie jedoch bis zu ihrem Tod im Jahr 1936: Sie weigerte sich beharrlich, über ihre Erfahrungen als „Anlassfall für die Entwicklung der Psychoanalyse" zu berichten.[284] Obwohl sie die Stadt ihrer Kindheit und Jugend, aber auch die Stadt ihrer Qualen – Wien – später nur sehr selten besuchte, hinterließ sie 1935 ihre bekannte Spitzen- und Kettensammlung dem Wiener Museum für Kunstgewerbe, heute Museum für angewandte Kunst.[285]

post scriptum

„Die Stellung der Frau im jüdischen Leben war von eh und je keine durchaus harmonische und entwickelte. Zwar war die Frau anerkannt in ihrer natürlichen Funktion als Ehefrau und Mutter, war die unentbehrliche Hüterin des Haushaltes, deren minutiöses Ritual ihrer religiösen Pflichttreue anvertraut war; wir sehen sie auch häufig als kluge geschäftstüchtige Mitarbeiterin und Beraterin ihres Mannes – aber darüber hinaus, d. h. über den geistig engen Kreis, in dem sie vom Manne zurückgehalten wurde, sollte sich ihre Fähigkeit nicht entwickeln. Nicht nur, daß sie aus erotischen Gründen den Stätten des Lernens und Lehrens der Männer, sogar als stumme Zuhörerin, fernbleiben mußte – um die rein geistige Konzentration und Erhebung des Mannes im Stadium der Lehre nicht zu stören – fand man die Frau auch nie reif und würdig, in die Fülle des jüdisch-religiösen Gedankengutes Einblick zu nehmen. Nur aus der Tradition, ohne sie zu kennen, soll die jüdische Frau die Lehre leben, ein eigenartiges Verhalten, das seine verhängnisvollen Schatten bis in die heutige Zeit wirft."[286]
Bertha Pappenheim

70. Volksheim Ottakring

Schauplatz 9

Bewegung und Vision:
Alfred Adler (1870–1937)

„Haben Sie einen Minderwertigkeitskomplex?
Fühlen Sie sich unsicher? Sind Sie mutlos?
Sind Sie herrisch? Sind sie unterwürfig?
Glauben Sie an Pechsträhnen?
Verstehen Sie andere Mitmenschen?
Verstehen Sie sich selbst?
Verbringen Sie einen Abend mit sich allein!
Wagen Sie sich an das Abenteuer, Ihr Inneres zu entdecken!
Lassen Sie sich von einem der bedeutendsten
Psychologen unserer Zeit helfen,
das Richtige zu untersuchen und zu enthüllen!"[287]

1160 Wien,
Ludo-Hartmann-Platz 7

1905 wurde mitten in Ottakring, einem Wiener Arbeiterviertel, „das Haus mit den hundert Fenstern", so der Arbeiterdichter Alfons Petzold in einem Hymnus auf den neuen Volkspalast, eröffnet.[288] „Mögen in diesem Hause des Volksheims, als Heim der freien hohen Schule des Volkes, durch die Strahlen des Lichtes die Köpfe erhellt und die Herzen erwärmt werden", heißt es in einer Urkunde, die im Grundstein des Gebäudes hinterlegt wurde.[289] Bereits in den späten 80er-Jahren des 19. Jahrhunderts hatten Arbeiter, Bürgerliche und Hochschulprofessoren den Wiener Volksbildungsverein gegründet.[290] Zu Beginn bestand das Angebot in Vorträgen, Konzerten und der Einrichtung von Volksbüchereien. 1895 wurden die Einzelvorträge zu „volkstümlichen Universitätskursen" zusammengefasst, die in der Regel drei Monate dauerten.[291] Die rege Nachfrage des Publikums führte zur Ausweitung des Kursprogramms und

121

damit zu weiterem Raumbedarf. Rasch wurde der Ruf nach einem eigenen Gebäude laut und ein Grundstück im 16. Wiener Gemeindebezirk, Ludo-Hartmann-Platz, gekauft. Das trotz Zubauten im Kern noch heute erhaltene Volksheim Ottakring wurde nach Entwürfen des Architekten Franz Ritter von Neumann, im Stil des Historismus gebaut. Die Finanzierung erfolgte durch Mitgliedsbeiträge, großzügige Spenden u. a. von der Bankiersfamilie Rothschild, und eine Hypothek.[292] Staatszuschuss gab es in den Anfangsjahren keinen und auch die Gemeinde Wien, zwischen 1897 und 1910 vom christlich-sozialen Bürgermeister Dr. Karl Lueger regiert, hatte für die Volksbildungsbewegung, der auch prominente Sozialdemokraten angehörten, wenig übrig.[293] Im neuen Volksheim gab es einen großen Veranstaltungssaal, verschiedene Labors, eine Bibliothek mit angeschlossener Lesehalle und zahlreiche Kursräume. „Das Raumkonzept hat den Typus der Arbeiterklubs in der Sowjetunion um mehr als zwei Jahrzehnte vorweggenommen", schreibt der Architekturhistoriker Friedrich Achleitner.[294] Allerdings wurden das mitten in einem Arbeiterbezirk liegende Haus und seine Bildungseinrichtungen eher von Angehörigen der Mittelschicht – Angestellten, niedrigen Beamten, Studenten und Schülerinnen – frequentiert denn von Arbeitern.[295] Obwohl es einführende Kurse in Rechnen und Schreiben gab, entsprach das Bildungsangebot den Interessen des Mittelstandes. Ein Blick auf die frühen Kursverzeichnisse gibt Auskunft über die berühmten Lehrenden, die hier gegen eine nur geringe Aufwandsentschädigung unterrichtet haben: Hans Kelsen, der Vater der bis heute in den Grundzügen geltenden österreichischen Bundesverfassung, führte in die Allgemeine Staatslehre ein. Ludo Hartmann, Dozent an der Universität Wien, gab Kurse in Geschichte. Die Pädagogin Eugenie Schwarzwald unterrichtete u. a. Deutsche Sprache, und der Anatom Julius Tandler, später Fürsorgestadtrat im „Roten Wien", betrieb ein anatomisches Labor.[296] Auch Alfred Adler, „abtrünniger Sohn" und Rivale von Sigmund Freud, der nach seinem Abfall die zweite große psychologische Schule in Wien gründete, war in den frühen 1920er-Jahren charismatischer Lehrer und Leiter der Fachgruppe Erziehung am Volksheim Ottakring.

Alfred Adler wurde 1870 in Wien-Rudolfsheim, Mariahilferstraße 208, als zweiter Sohn eines jüdischen Getreidehändlers geboren. Der kleine Alfred galt als kränkelndes Kind. Nach einer überstandenen Lungenentzündung war ihm klar, dass er Arzt werden wollte.[297] 1895, nach Beendigung seines Medizinstudiums, arbeitete er an der Poliklinik,

71. Alfred Adler (1870–1937)

wo Kranke aus der Arbeiterschicht auch unbezahlt behandelt wurden. In der Folge begann Adler, der sich bereits als Student in verschiedenen sozialdemokratischen Studentenverbindungen mit dem Marxismus auseinander gesetzt hatte,[298] für die Verbesserung der Lebensbedingungen der arbeitenden Massen einzutreten. In der Arbeiterzeitung, dem Zentralorgan der Sozialdemokratischen Partei Österreichs (SDAP), veröffentlichte er unter dem Pseudonym „Aladin" Artikel zu Hygiene- und Gesundheitsfragen.[299]

Im Frühjahr 1897 lernte Alfred Adler seine spätere Frau Raissa, eine russische Jüdin, die in Zürich und Wien studiert hatte, kennen. Noch im selben Jahr wurden Alfred Adler und Raissa Epstein in Smolensk nach jüdischem Ritus getraut. 1898 eröffnete Alfred Adler seine eigene Praxis in der Leopoldstadt, Czerningasse 7. Die Klientel bestand aus Kaufleuten, Studenten und Studentinnen, kleinen Angestellten, aber auch aus den Artisten und Künstlerinnen der nahe gelegenen Praterattraktionen. Deren Erzählungen und auch seine eigene Erfahrung als kränkelnder „Gassenbub", der sich trotz schwächlicher Konstitution durchzusetzen wusste, ließen ihn für die Kompensation von körperlichen und sozialen Minderwertigkeitsgefühlen sensibel werden.[300] Im Jahr 1902 erhielt der junge Arzt eine Postkarte: Sigmund Freud beehrte sich, zu einer informellen Gesprächsrunde mit Kollegen in die Berggasse 19 einzuladen.[301] Können die frühen Konflikte Freuds mit Männern wie Dr. Josef Breuer oder Prof. Meynert als Vaterkonflikte gedeutet werden, übernahm Freud im neuen Jahrhundert selbst die Vaterrolle und geriet zunehmend in Rivalitätskonflikte mit seinen „Söhnen".[302] In der Mittwoch-Gesellschaft berichteten Freunde und Schüler über Fälle, trugen ihre Gedanken vor und diskutierten über Deutungen. Wie in einer patriarchalen Familie wollten alle dem „Vater" gefallen, der sich in den Diskussionen zurückzuhalten pflegte und erst gegen Ende der Sitzung einen abschließenden Kommentar gab. Adler war nicht gewillt, der Lehre Freuds in allen Schritten zu folgen. Im Gegensatz zu Freud sah Adler Neurosen nicht ausschließlich in Triebkonflikten begründet, sondern im verminderten Selbstwertgefühl, hervorgerufen durch Organbehinderung oder soziale Schwäche.[303] Anfang 1911 eskalierte der Konflikt und in einem geschickten taktischen Manöver wurden Adler und seine Mitstreiter schließlich aus der Psychoanalytischen Gesellschaft ausgeschlossen: Adler sollte in einem Vortrag darlegen, was ihn von Freud trennte.[304] In den folgenden Diskussionen wiesen ihm die Freudianer nach, „er habe sich von ihnen so weit entfernt, daß er von niemandem mehr als Psychoanalytiker angesehen werden dürfe.[305] Adler und seine Freunde legten ihre Funktionen in der Wiener Analytischen Gesellschaft zurück und gründeten als Gegenpol den „Verein für freie psychoanalytische Forschung".

In den ersten Jahren nach der Abspaltung zählten neben der Wohnung Adlers – im Jahr 1911 war Adler von der Leopoldstadt in die innere Stadt übersiedelt[306] – auch Kaffeehäuser zu den Treffpunkten seines Kreises. Im berühmten wiedererrichteten Café Central in der Herrengasse hatten nicht nur die Literaten Peter Altenberg, Karl Kraus, Egon Friedell und

Alfred Polgar ihren Stamm-
platz.[307] Jeden Samstag traf
sich im Hinterzimmer auch
eine illustre Runde später
berühmter Sozialdemokraten
u. a. Karl Renner, Otto Bauer
und Julius Deutsch.[308] Alfred
Adler, der gerne Kaffeehäuser
besuchte,[309] diskutierte mit
den Genossen und spielte mit
dem russischen Exilanten Leo
Trotzki, der zwischen 1907

72. Leo Trotzki in Brest Litowsk 1918

und 1914 in Wien lebte, Schach. Trotzki, der Freunde und Mitarbeiter zu Adler in Behandlung schickte,[310] ließ sich, trotz seiner Freundschaft mit Adler, nie selbst analysieren, da, wie er
meinte, auf diesem Gebiete vieles sehr schwankend und un-
beständig sei und den Boden für Phantastik und Willkür
öffne.[311] 1914, mit Ausbruch des Ersten Weltkriegs, mussten die
russischen Emigranten und Emigrantinnen Wien verlassen. Als
man dem Außenminister Österreich-Ungarns Graf Berchtold
mitteilte, dass im zaristischen Russland eine kommunistische
Revolution ausbrechen könnte, soll er unter ungläubig schal-
lendem Lachen ausgerufen haben: „Und wer, bitt' schön, wird
diese Revolution machen? Herr Bronschtein (Trotzki), der im
Café Central die ganze Zeit Schach spielt?"[312]

In groben Zügen lässt sich Adlers individualpsychologischer
Ansatz folgendermaßen skizzieren:[313] Wie Freud geht auch Adler davon aus, dass sich die Persönlichkeit eines Menschen im
Kindesalter formt. Allerdings ist für ihn nicht die infantile Sexualität die wichtigste menschliche Kraft, sondern ein früh-
kindliches Gefühl von Minderwertigkeit. Die Überwindung
dieses schmerzlichen Gefühls von Schwäche gelingt nur durch
Kompensation. Menschen legen sich Lebenspläne zurecht, die
versprechen Anerkennung, Geltung oder auch Überlegenheit
und Macht zu garantieren. Mittels individueller Strategien,
etwa Aggression oder Selbsterniedrigung, versuchen sie, ihre

Ziele zu erreichen. Die Lebenspläne oder Leitlinien bleiben dem Bewusstsein verborgen, steuern jedoch das gesamte Denken, Fühlen und Handeln eines Menschen. Je stärker sich ein Kind selbst als ohnmächtig erlebt hat, desto zwanghafter folgt es als Erwachsener seinem Leitideal. Der Unterschied zwischen gesunder Kompensation und Überkompensation, die zu pathologischen Bewusstseinszuständen führen kann, liegt im Grad des inneren Getriebenseins und der Auffälligkeit bestimmender Verhaltensmuster. Die Aufgabe der Therapie ist es nun, den Rat Suchenden beim Aufdecken ihrer unbewussten Leitvorstellungen zu helfen. Im Unterschied zum klassischen Setting der Psychoanalyse bedarf es in der individualpsychologischen Beratung keines/r außerhalb der Blickspanne der Kranken agierenden Analytikers oder Analytikerin. „Wenn Ihnen das, was der Patient sagt, widersprüchig und verwirrend vorkommt, dann schließen Sie die Ohren und öffnen Sie weit die Augen. Schauen Sie ihm genau beim Reden zu, und Sie werden auf einmal ganz genau verstehen, was er Ihnen nicht sagt",[314] meinte Adler.

Die Jahre vor dem Ersten Weltkrieg galten dem Aufbau der Psychoanalyse. 1913 wurde als Zeichen des Bruchs mit der Psychoanalyse der „Verein für Freie Psychoanalytische Forschung" in „Verein für Individualpsychologie" umbenannt. Während das Freud'sche Persönlichkeitsmodell von mehreren miteinander in Konflikt liegenden psychischen Instanzen ausgeht, liegt der Individualpsychologie ein Bild vom Menschen als organischem Ganzen zugrunde. Sämtliche Lebensäußerungen und Ausdrucksformen eines Individuums verschmelzen zu einem Gesamtporträt.[315] Ein Jahr später erschien die Anthologie „Heilen und Bilden"[316], eine Zusammenfassung sämtlicher bislang erschienener Artikel aus dem Kreis der Individualpsychologen. Die Herausgabe einer Zeitschrift musste nach dem Erscheinen nur weniger Nummern nach Ausbruch des Ersten Weltkriegs wieder eingestellt werden.[317] Anders als Sigmund Freud[318] scheint Alfred Adler nicht in die allgemeine Kriegsbegeisterung eingestimmt zu haben. 1916 wurde er als

Militärarzt eingezogen. Unter dem Eindruck der Schrecken der Kampfhandlungen wurde der Begriff der Gemeinschaft in seinem Denken immer wichtiger. Er definierte Gemeinschaftsgefühl als eine den Menschen angeborene latente Kraft, die, sofern sie nicht von inneren oder äußeren Zwängen unterdrückt wird, dem blinden Machtstreben entgegenwirken kann.[319] Mit der Einführung dieses Konzepts war die Hinwendung der Adlerianer auf Erziehung und Bildung vorbereitet. „Es ist eine außerordentlich missliche Sache, jedem missratenen, mit einer nervösen Krankheit oder Psychose behafteten Menschen nachzulaufen, um ihn zu bessern, zu heilen. Darin liegt eine ungeheure Verschwendung von Energie, und es wäre schon an der Zeit, daß wir uns mehr der Prophylaxe zuwenden."[320]

„Adlers persönliche Kontakte zur Sozialdemokratie, seine praktisch-pädagogische Orientierung, seine einfacher strukturierte und nicht-sexuelle Psychologie, dazu seine große Rednergabe für das große Publikum [...] das alles sind Bedingungen dafür, daß Adler *der* Psychologe des Roten Wien wurde."[321] Die SDAP hatte bei den Wahlen zum Wiener Gemeinderat im Mai 1919 vierundfünfzig Prozent der Stimmen gewonnen.[322] Wien war damit die erste große Metropole unter sozialdemokratischer Verwaltung.[323] In der Folge wurde die Stadt, die 1922 den autonomen Status eines Bundeslandes erhalten hatte,[324] zum Modellversuch und Vorzeigeprojekt sozialdemokratischer Reformpolitik. Innerhalb kurzer Zeit realisierte die Stadtregierung den Ausbau kommunaler Gesundheits- und Sozialeinrichtungen; große gemeindeeigene Wohnhausanlagen mit Gemeinschaftseinrichtungen wurden errichtet. Im Mittelpunkt des Modellprojekts stand allerdings der Kampf um die Herzen der Menschen, besonders der Jugend. „Neue Menschen brauchen wir, die mit Klugheit, Tatkraft und Idealismus eine neue, bessere Welt aufbauen!"[325] Hauptanliegen der sozialdemokratischen Bildungsreformbestrebungen waren die Neugestaltung des Schulwesens und die Verbesserung der Lehrerausbildung.[326] Die Unterrichtsverwaltung wurde reorganisiert. Alle Schüler und Schülerinnen erhielten kostenlos bereitgestellte Schulbücher und Unterrichtsmaterialen. Die „Drillschule" der Eltern- und Großelterngeneration wurde durch eine Didaktik abgelöst, die bei den Alltagserfahrungen ansetzen und zum Selbststudium anregen sollte. Oskar Spiel, Leiter der individualpsychologischen Versuchsschule im 20. Bezirk, in der Staudingergasse, entwickelte den Klassenrat als demokratisches Modell der Mitbestimmung. Zur „Erziehung der Erzieher" wurde das Pädagogische Institut der Stadt Wien gegründet, wo viele individualpsychologisch Ausgebildete, u. a. auch Alfred Adler selbst, unterrichteten.

In den 1920er-Jahren war Alfred Adler unermüdlich unterwegs. Er betrieb seine Praxis, lehrte am Pädagogikum der Stadt, führte an Schulen und Familienberatungsstellen öffentliche Therapien durch und unterrichtete fast jeden Abend an Volkshochschulen.[327] Bereits im Wintersemester 1915/16 hatte Adler im Volksheim Ottakring seinen ersten Kurs gehalten.[328] Ab Herbst 1920 bot Adler im Rahmen des Veranstaltungsprogramms des Volksheims Ottakring seinen ersten Psychologielehrgang an. Seine Kurse hatten regen Zulauf. Der damals erst sechzehnjährige Manès Sperber, später Schriftsteller, Individualpsychologe und Kommunist, fühlte sich vom Vortrag Adlers ebenso angesprochen[329] wie die fast vierzigjährige Sofie Lazarsfeld (1882–1976), die Mutter des berühmten Pioniers der empirischen Sozialforschung Paul Lazarsfeld. Nachdem sie Alfred Adler im Volksheim Ottakring persönlich kennen gelernt hatte, fand sie in der Individualpsychologie eine zweite Heimat. Nicht nur das geflügelte Wort vom „Mut zur Unvollkommenheit" geht auf Sofie Lazarsfeld zurück,[330] sondern auch viele Beiträge zu Fragen der Sexualität und Kindererziehung. Wie Adler sah Lazarsfeld den Grund für die Entmutigung des Kindes in der patriarchalen Kleinfamilie, der sie die Selbsterziehung von Kindern oder Jugendlichen in der Gemeinschaft positiv gegenüberstellte.[331] Im Jahr 1926 eröffnete Sofie Lazarsfeld in ihrer Wohnung im 1. Bezirk, Seilerstätte 16, eine individualpsychologische Beratungsstelle für Lebensgestaltung. Die Erfahrungen flossen in das von ihr 1931 veröffentlichte Buch „Wie die Frau den Mann erlebt" ein.[332] Diese Schrift, eine

73. Sofie Lazarsfeld

Mischung aus Ehe- bzw. Se-
xualratgeber, der auch auf
„technische Anleitungen"
aus dem Kama Sutra nicht
verzichtete[333] und moderner feministischer Kritik an
den Geschlechterverhältnis-
sen, wurde ein Bestseller
und bald nach dem Erscheinen ins Englische über-
setzt.[334] Erst wenn die Frau
Selbstständigkeit und Eigen-
verantwortung übernimmt,
der Mann sich aber von der
gesellschaftlichen wie indi-
viduellen Herabsetzung al-
les Weiblichen, die der Überkompensation männlicher Min-
derwertigkeitsgefühle auf psycho-sexuellem Gebiet geschuldet
ist, verabschiedet, wird ein befriedigenderes Miteinander von
Männer und Frauen möglich. „Wenn neue Erziehung, neue
Tradition unser Leben so weit gefördert haben, dann wird
Sexualität nicht mehr der Tyrann sein, der drohend in unser
Leben eingreift, auch nicht die Unterwelt, die es grollend
durchwühlt, sondern [...] eine Melodie, die alle unsere Arbeit
und unser Gemeinschaftsleben begleitet."[335]

Anfang der 1930er-Jahre erlangte Alfred Adler auch international immer mehr Anerkennung. Schon in den Jahren zuvor hatte er Vortragsreisen durch ganz Europa und die USA
unternommen. Seine „Lectures" an großen renommierten Universitäten wurden von der Presse hofiert[336] und vom Fach- und
Laienpublikum wohlwollend aufgenommen.[337] Ab dem Jahr
1932 lehrte er jedes Wintersemester als Visiting Professor für
medizinische Psychologie am Long Island College for Medi-
cine. Als sich 1934 das Ende des „Roten Wien" ankündigte, war
er bereits ernsthaft mit dem Gedanken befasst, seinen Haupt-
wohnsitz in das Land der unbegrenzten Möglichkeiten zu ver-

legen. „Die Vereinigten Staaten gleichen einem Ozean. In einem solchen Land besitzt der einzelne grenzenlose Entwicklungsmöglichkeiten, aber er muß auch größere Schwierigkeiten überwinden. Der Ehrgeiz wird stark angespornt und der Wettstreit ist vehement. In Europa schwimmt man hingegen immer noch wie in einer Badewanne umher; das Leben ist fest umrissen, Chancen sind rar, und für (psychologisches Wissen) besteht lediglich limitierter Bedarf ", beschrieb Adler seine Version des amerikanischen Traums.[338] Anders als Otto Glöckel und viele ehemalige Mitstreiter des „Roten Wien", die inhaftiert wurden oder emigrieren mussten, entgingen Alfred Adler und seine Familie der Repression durch die Austrofaschisten. 1937, auf einer Vortragstournee durch England, starb Alfred Adler in Aberdeen, Schottland, an plötzlichem Herzversagen.

post scriptum

Sämtliche Reformen der Sozialdemokratischen Stadtregierung wurden nach dem Bürgerkriegsjahr 1934 eingestellt und spätestens mit dem Anschluss Österreichs an das Deutsche Reich 1938 rückgängig gemacht. Nach dem Zweiten Weltkrieg versuchten Freundinnen und Schüler Alfred Adlers Lebenswerk u. a. auch in Österreich fortzusetzen. Allerdings konnte die enge Symbiose von Psychologie und politischer Bewegung nicht mehr wiederholt werden. [339]

Schauplatz 10

Tod am Steinhof :
Sergej Pankejeff (1887–1979), der Wolfsmann

> „Nun, mit der Psychoanalyse
> ist es eine komplizierte Sache."[340]
>
> Sergej Pankejeff

1140 Wien, Otto Wagner-Spital,
Baumgartnerhöhe 1

In manchen Kulturen gelten Verrückte als Weise und werden
von der Bevölkerung verehrt. In anderen werden ihnen eigene
Anstalten errichtet. So auch in Wien. Hier fand am 8.
Oktober 1907 in der Kirche der Landes- Heil- und Pflegeanstalt für Geis-
tes- und Nervenkranke „Am Steinhof" in Anwesenheit des
Thronfolgers Erzherzog Franz-Ferdinand die feierliche Schluss-
steinlegung statt.[341] Das Prestigeprojekt des christlich-sozialen
Wiener Bürgermeisters Karl Lueger war unter zeitlichem Druck
und personellem Aufwand in nur zweieinhalb Jahren Bauzeit
fertiggestellt worden.[342] Der Stararchitekt Otto Wagner (1841–
1918) hatte mit 61 Objekten, einem eigenen Theater und dem
berühmtesten Sakralbau des Jugendstils das Ensemble eines
einzigartigen Gesamtkunstwerkes geschaffen und damit in
Wien die größte und modernste psychiatrische Anstalt Europas
konzipiert.[343] Das Areal umfasste über eine Million Quadrat-
meter – die Umfriedung zog sich über viereinhalb Kilome-
ter![344] Die Pavillons zur Unterbringung der Kranken standen
locker verbaut nebeneinander; großzügig angelegte Wiesen
und 100.000 Bäume, eine Kegelbahn, ein Schwimmbecken und
ein Tennisplatz sollten vor allem für wohlhabende Personen ein
Ambiente des Rückzugs und der Erholung ermöglichen.

An der Grenze zwischen Wienerwald und Großstadt gelegen, war die Anstalt ein eigenes Minimundus, das die psychi-

74. Luftbildaufnahme des Psychiatrischen Krankenhauses am Steinhof

schen Probleme, welche die Metropole in ihrem rapiden Wachstum erzeugte, lösen sollte. Die Gebäude boten 2.700 Personen Platz und waren in ihrer prunkvollen Ausstattung nicht unumstritten. Allerdings brachte die architektonische Großzügigkeit und die besondere Berücksichtigung der speziellen Bedürfnisse von Kranken eine veränderte Haltung gegenüber dem psychischen Leiden zum Ausdruck. Dieses wurde nun nicht mehr wie im 18. Jahrhundert im so genannten Narrenturm „weggesperrt", sondern auch als heilbar betrachtet. Ausländische Delegationen kamen ebenso zur Besichtigung der Anstalt wie die Wiener Bevölkerung.

Am Steinhof endete 1979 auch das Leben von Sergej Pankejeff. Seine Analyse war zu einer der berühmten Fallgeschichten Sigmund Freuds geworden, die sowohl in der Entwicklung der Psychoanalyse als auch in den Diskussionen um sie eine zentrale Quelle darstellt. Nach einem Traum über Wölfe wurde der russische Aristokrat unter dem Pseudonym

75. Kirche am Steinhof, Otto Wagner

„Wolfsmann" in den Publikationen Freuds allgemein bekannt. Er starb im hohen Alter von 92 Jahren in einer psychiatrischen Anstalt.[345] Sein Leben hatte er, obwohl von Freud als Neurotiker diagnostiziert,[346] durchaus in der Normalwelt verbracht.

Kennen gelernt hatten sich Sergej Pankejeff und Sigmund Freud 1910 in Wien.[347] Der russische Millionär war in Beglei-

76. Sergej Pankejeff, der „Wolfsmann"

tung seines Arztes nach Wien gereist, um psychologische Hilfe
in Anspruch zu nehmen. 1887 auf einem weitläufigen Gut am
mittleren Dnepr geboren, hatte er in Odessa in Jus promoviert.
Er hatte nicht nur mit der Tiefe der russischen Seele Bekanntschaft gemacht, sondern auch mit der Endlosigkeit der
Schwermut. Seine Schwester Anna entzog sich dieser durch
Selbstmord.[348] Sergej Pankejeff versuchte ihr durch Sanatori-
umsaufenthalte in Deutschland zu begegnen. Die Behandlungsmethoden waren in diesen Nobelhotels für wohlhabende
psychisch Kranke überall ähnlich: Man verschrieb kalte Bäder
und Elektrotherapie, versuchte es mit Hypnose und kurzweili-
gen Amüsements, war aber in erster Linie ratlos.

Als bei Sergej Pankejeff nach dem Ausbruch einer Ge-
schlechtskrankheit und dem Scheitern der Kur bei hochkarä-
tigen deutschen Spezialisten erneut ein Zusammenbruch
folgte, suchte der junge Millionär Hilfe bei Sigmund Freud. Für
den über 50-jährigen Professor bedeutete die Begegnung mit
dem von seinen Kollegen aufgegebenen Fall eine besondere
Herausforderung.[349] Seine Darstellung der Analyse des „Wolfs-
mannes", die er 1918 in seiner Schrift „Aus der Geschichte
einer infantilen Neurose"[350] veröffentlichte, bot für ihn eine
zentrale Argumentationsgrundlage im Streit mit Carl Gustav
Jung und Alfred Adler.[351] Ausgehend von diesem Fall entwickelte Sigmund Freud jene These, welche die frühkindlichen
Erfahrungen zum Ausgangspunkt von Neurosen erklärte.

Der gebildete und attraktive Russe fühlte sich auf Sigmund
Freuds Couch durchaus wohl, wie er sagte: „So trug alles dazu
bei, daß man sich hier dem Hasten des modernen Lebens ent-
rückt und vor den Sorgen des Alltags geborgen fühlte".[352] Vor
allem aber erhielt er mit seinen Ängsten und Problemen un-
eingeschränkte Aufmerksamkeit. Vier Jahre lang, bis zum Ausbruch des Ersten Weltkriegs, fand er sich täglich außer Sonntag
zur therapeutischen Behandlung bei Sigmund Freud ein.[353]
Derartiges musste man sich leisten können. Ein Tag in einem
Sanatorium inklusive Behandlung kostete damals zehn Mark,
eine Stunde Behandlung bei dem „Herrn Professor" ca. 35
Mark.[354] Um 1910 betrug etwa in Deutschland der Monatslohn
eines Arbeiters zwischen 60 und 96 Mark, der einer Arbeite-
rin nur zwischen 24 und 32 Mark.[355] Psychoanalyse war also
eine durchaus luxuriöse Angelegenheit. Sergej Pankejeff verstand sich jedoch nicht nur als zahlender Patient, sondern vor
allem als „Mitarbeiter, als ein jüngerer Kamerad eines erfahre-
nen Naturforschers, der ausgezogen ist, um ein eben erst ent-
decktes Neuland zu erkunden".[356] Im Alter charakterisierte er
sein Verhältnis zu Sigmund Freud ambivalent: „Er war ein
geistreicher Mensch, das ist nicht zu bestreiten. Und dass er
sich geirrt hat, irren ist menschlich. Und daß er sein Werk über-
schätzt hat, ist ja auch klar".[357]

Im Jahr 1914 schloss Sigmund Freud die Analyse des „Wolfs-mannes" ab und betrachtete den Patienten als geheilt. Doch dann begannen die Wirren der Russischen Revolution, und der einstmals vermögende Aristokrat fand sich 1919 als mittelloser Flüchtling in Österreich wieder. Nun sammelte der Therapeut für den Patienten Geld und nahm die Analyse noch einmal auf.[358] Zur weiteren Fortsetzung der Kur vermittelte er seinen berühmten Klienten dann jedoch an seine Schülerin, Dr. Ruth Mack-Brunswick.[359] Pankejeff lebte ab nun im Nachkriegs-Wien mit seiner Frau Therese, einer Krankenschwester, die er in einem deutschen Sanatorium kennen gelernt hatte, in bescheidenen Verhältnissen. Mit dieser Verbindung widersetzte er sich zahlreichen Konventionen, denn Therese war nicht nur aufgrund ihrer bürgerlichen Abstammung eine Mesalliance, sondern auch wegen ihres höheren Alters.[360] Das Wiener Netzwerk hatte dem Herrn Doktor der Juristerei eine Arbeit bei einer Versicherung organisiert. Seine Therapeutin wiederum hatte den Kontakt zu einer ihrer Schülerinnen, Muriel Gardiner, hergestellt[361]. Durch die Russischstunden, die er ihr gab,[362] konnte er seine Einkünfte etwas erhöhen.

Als sich seine Frau Therese – obwohl politisch nicht in Gefahr – 1938 das Leben nahm, wollte auch er Wien verlassen. Muriel Gardiner, die zahlreichen Personen das Leben rettete, verschaffte mit ihren internationalen Beziehungen dem unpolitischen „Arier" den Luxus eines Ausreisevisums.[363] Der Kontakt zwischen Sergej Pankejeff und Muriel Gardiner riss auch nach dem Zweiten Weltkrieg nicht ab, so dass sie schließlich im Jahr 1971 seine Lebens- und Fallgeschichte publizierte und ihm die Tantiemen zukommen ließ.[364] Bis zu seinem Tod im Jahr 1979 erhielt Sergej Pankejeff als letztes noch lebendes „Studienobjekt" Freuds große Aufmerksamkeit, diverse analytische Behandlungen und finanzielle Unterstützung vor allem aus Amerika.[365] Im transatlantischen Freud-Archiv liegen noch unzählige Tonbandprotokolle, die der Veröffentlichung und der – sicher folgenden – kontroversiellen Diskussionen harren.

136 Der „Wolfsmann" wurde in analytischen Kreisen zu einem

77. Zeichnung der Wölfe im Traum, Sergej Pankejeff

zentralen „Fall" Freud'scher Theorienbildung und Behandlungsmethoden. Deren Erfolg bzw. Misserfolg wird in unterschiedlichen Kontexten bis heute diskutiert. Im hohen Alter betrachtete Sergej Pankejeff seine lebenslange Abhängigkeit von
der Couch mit Skepsis: „Mit der Psychoanalyse lebt man eigentlich mehr oder weniger mit fremdem Verstand. Und das ist
die Gefahr der Psychoanalyse, daß man von Entscheidungen
fremder Menschen abhängt, die gar nicht kompetent sind und
sich nicht auskennen, aber glauben, weil sie Psychoanalytiker
sind, deswegen wissen sie alles und können einen führen."[366]
Sergej Pankejeff war jedoch mehr als ein Materiallieferant
im seelischen Steinbruch der Psychoanalyse. Er überschritt das
19. Jahrhundert als Adeliger und durchquerte im Laufe seines
langen Lebens zahlreiche Länder Europas sowie mehr als zwei
Drittel des 20. Jahrhunderts. Politische Zäsuren verwandelten
den russischen Feudalherren in einen Emigranten, der seinen
Lebensunterhalt plötzlich selbst verdienen musste und sich −
immer wieder von Depressionen heimgesucht − in therapeu-

tische Behandlung begab. Das lange Leben des „Herrn Doktor", eines begabten Malers und kleinen Versicherungsangestellten, eines ehemaligen Millionärs und Kosmopoliten hätte viel besser in einen Roman von Dostojewski gepasst als in das wirkliche Leben, denn dieses war für die reale Person ein ständiger Grenzgang zwischen den Welten. Dennoch beruhte sein letzter Aufenthalt als hoch betagter Herr im psychiatrischen Krankenhaus am „Am Steinhof" weniger auf geistiger Verwirrtheit als auf altersbedingter physischer Schwäche. So starb der Mann des Fin de siècle am 7. Mai 1979 im Gesamtkunstwerk des Jugendstils, geborgen in den Armen einer Frau, seiner privaten Krankenpflegerin, die den gleichen Namen trug wie seine Schwester: Anna.[367]

Anstalten wie jene „Am Steinhof" dienten jedoch nicht nur der geriatrischen bzw. der psychiatrischen Behandlung. Sie waren immer auch Stätten der Disziplinierung. Als eine solche galt das Privatsanatorium Mariagrün auf dem Rosenberg bei Graz unter Leitung des Nervenarztes Dr. Richard Krafft-Ebbing (1840–1902). Er war für seine wissenschaftliche Leidenschaft an sexuellen Abartigkeiten bekannt. Irritiert durch die erotischen Vorlieben des Protagonisten von „Die Venus im Pelz", ein Buch von Leopold Sacher-Masoch[368], hatte Krafft-Ebbing 1890 in Anlehnung an den Autor den Begriff des Masochismus populär gemacht. Ärzte wie er erhielten durch ihre Position eine bedeutende Rolle im Diskurs über Normalität. In seiner Anstalt verschwand unter anderem die jüngste Schwester der Kaiserin Elisabeth, Sophie von Wittelsbach, weil sie 1887 aus ihrer Ehe geflohen war.[369] Als sie unter dem Druck der Familie schließlich zustimmte, wieder zu ihrem Ehemann zurückzukehren, wurde sie zwar von der psychiatrischen Internierung befreit, nicht jedoch von ihrer melancholischen Stimmung.[370]

Der wohl berühmteste Fall skandalösen Machtmissbrauches im Namen der patriarchalen Ordnung der Psychiatrie ereignete sich 1898 und erschütterte die gesamte österreichisch-ungarische k.u.k. Monarchie. Louise von Sachsen-Coburg, die Schwester der Kronprinzessin Stephanie, war ihrem Mann

78. Waslaw Nijinski in „Le spectre de la Rose"

ebenfalls mit einem Geliebten davongelaufen. Daraufhin wurde sie unter Zustimmung ihres Vaters, des Königs von Belgien, mit Befürwortung Kaiser Franz-Josephs und aufgrund eines Gutachtens von Dr. Richard Krafft-Ebbing in dessen Anstalt eingeliefert und psychiatriert. Als es ihr schließlich nach jahrelanger Internierung gelang, aus der Anstalt zu fliehen und ein französisches Gutachten einzuholen, das sie als durchaus „normal" beschrieb, war der politische Skandal und die Blamage der österreichischen Experten perfekt, Louise von Sachsen-Coburg aber gerettet. Sie kehrte nicht mehr in das eheliche Gefängnis zurück.

Die psychiatrische Anstalt „Am Steinhof" war in den 1920er-Jahren zudem Kulisse einer politischen Geschichte. Die Schauspielerin Elisabeth Bergner ließ sich mit Hilfe des Individualpsychologen Alfred Adler als „mental gestört" diagnostizieren und zur Beobachtung einliefern. Sie war zu diesem Zeitpunkt überzeugte Kommunistin und sollte „Am Steinhof" den ungarischen Genossen und Räterepublikaner Béla Kun treffen.[371] Mit dieser Aktion wollte Elisabeth Bergner den Kontakt zwischen dem ungarischen Politiker und der österreichischen Kommunistischen Partei herstellen. Während ihres konspirativen Aufenthaltes „Am Steinhof" traf sie zudem auf einen mittelgroßen „dickliche[n] Mann mit ganz kahlem Kopf."[372] Es handelte sich um den berühmten russischen Tänzer Waslaw Nijinski (1889–1950)[373]. Nach einer von Abhängigkeit und Päderastie geprägten Beziehung zu seinem Mentor[374] heiratete er. 1912 verursachte er mit seiner Choreographie und Interpretation von Claude Debussys „L'après midi d'un faune" in Paris helle Aufregung. Das Ballett war – ebenso wie die Literatur und die bildende Kunst – zum Austragungsort sexuellen Aufbruchs geworden. Waslaw Nijinski tanzte vitalste Erotik.[375] Dies sorgte zwar für einen gewaltigen Skandal wurde jedoch ebenso wie seine Interpretation von Igor Strawinskis „Le sacre du printemps" 1913 bahnbrechend für das moderne Ballett. Nijinski hatte Weltgeschichte getanzt, bevor er einen Sprung in die andere Welt tat. Sein Erfolg fand aufgrund seiner psychi-

„Die so genannten psychiatrischen Ärzte bezeichneten die Krankheit meines Freundes einmal als diese, einmal als jene, ohne den Mut gehabt zu haben, zuzugeben, dass es für *diese* wie für alle anderen Krankheiten auch, keine richtige Bezeichnung gibt, sondern immer nur falsche, *immer* nur falsche, immer nur irreführende, weil sie es sich letzten Endes, wie alle anderen Ärzte auch, wenigstens durch *immer wieder falsche Krankheitsbezeichnungen* leichter und schließlich auf mörderische Weise bequem gemacht haben. Alle Augenblicke sagten sie das Wort *manisch,* alle Augeblicke das Wort *depressiv* und es war in jedem Fall immer falsch."[382]

Thomas Bernhard über Paul Wittgenstein und dessen Aufenthalt
in Steinhof

„An den Irrsinnigen wuchs er zu einem der umfassendsten Geister seiner Zeit heran. Er lernte von ihnen mehr als er ihnen gab. Sie bereicherten ihn um ihre einmaligen Erlebnisse; er vereinfachte sie nur, indem er sie gesund machte. Wieviel Geist und Schärfe fand er bei manchen! Sie waren die einzigen wirklichen Persönlichkeiten, von vollendeter Einseitigkeit, wahre Charaktere, von einer Geradheit und Macht des Willens, um die sie Napoleon beneidet hätte. Er kannte sprühende Satiriker unter ihnen, begabter als alle Dichter; ihre Einfälle wurden nie zu Papier, sie kamen aus einem Herzen, das außerhalb der Dinge schlug, und fielen über sie her wie fremde Eroberer."[383]

Elias Canetti, Die Blendung

schen Probleme ein Ende, an denen er von 1919 bis zu seinem Tod im Jahre 1950 litt. Nach Meinung von C. G. Jung war er schizophren.[376] Man konsultierte Schweizer Professoren wie Eugen Bleuler oder Wiener Spezialisten wie Julius Wagner-Jauregg oder Sigmund Freud.[377] Alle gaben seiner Frau den Rat, ihn seine Träume träumen zu lassen.[378] Das tat er dann auch 31 Jahre lang, die meiste Zeit davon in psychiatrischen Anstalten; zumindest von 1920 bis 1922 befand er sich in Wien in der geschlossenen Anstalt „Am Steinhof". Er war überzeugt, dass man sein Geld an die Armen verteilen und kein Fleisch essen sollte.[379] Im Jahr 1919 schrieb er: „Ich möchte gerne tanzen, zeichnen, Klavier spielen, Verse machen und an alle meine Liebe verschwenden: das ist das Ziel meines Lebens."[380]

post scriptum

Bis 1945 fielen insgesamt 3.200 der sich auf der Baumgartnerhöhe „Am Steinhof" befindenden Menschen der nationalsozialistischen Tötungsmaschinerie der „Euthanasie" zum Opfer.[381]

Schauplatz 11

Wo Träume Wirklichkeit werden:
Schloss Belle Vue

„Wer seine Weisheit nicht im Unbewussten hat,

wird mit allem Wissen kein Weiser."[384]

Rosa Mayreder

1190 Wien, Himmelstraße/Cobenzl,

Gedenktafel zu Sigmund Freuds Traumdeutung

Will man in den Himmel, muss man aus der Stadt hinaus – in die Frische des Wienerwaldes. Sigmund Freud schätzte an der grünen Lunge Wiens vor allem den Cobenzl, eine der vielen Anhöhen im riesigen Naherholungsgebiet in unmittelbarer Nähe der Großstadt. Wanderungen und Spaziergänge waren immer schon seine Leidenschaft gewesen; im Spätsommer gesellte sich noch das Pilzsuchen hinzu. Wenn Sigmund Freud eine jener kleinen Trophäen erblickte, griff er zu seinem Hut und platzierte ihn schwungvoll darüber, um sie vor den anderen klar als seine Jagdbeute zu deklarieren.[385]

Der Weg zum Cobenzl führt durch den bekannten Heurigenort Grinzing über die Himmelstraße, vorbei an schönen Villen, und hebt sich dann steil den Berg hinauf. In der Himmelstraße wohnte viel politische und künstlerische Prominenz. In Gedanken geht man an der Nr. 24 vorbei, am Wohnsitz des Schauspiels, der Villa Attila Hörbigers und Paula Wesselys. Gleich daneben, auf Nr. 30, traf man die Literatur. Elias und Veza Canetti schrieben hier in den 1930er-Jahren Teile ihrer Werke.[386] Canetti holte in seiner Autobiografie „Das Augenspiel" den Himmel sogar auf die Erde und verpackte ihn in Sprache.[387] Auf Nr. 40–42 lebten in einer Künstlerwohngemeinschaft die Malerin Tanna Kasimir-Hoernes und der Radierer Luigi Kasimir.[388] Gleich hinter dem Zaun steht noch im-

143

79. Belle Vue 1892, Ansichtskarte

mer ein kleines Holzhaus, das für die Wiener Weltausstellung
im slowakischen Regionalstil erbaut wurde. Durch den Ankauf
fand es hier eine neue Heimat und wird von einer Pianistin
mit Musik erfüllt.[389] Die Gärten der Häuser enden bei den
Weinreben. Je höher man steigt, desto näher kommt man dem
Himmel.

Im 18. Jahrhundert wurde hier über den Dächern der Stadt
mit bester Sicht in die Ferne fast am Ausklang der Himmelstraße ein kleines Schloss erbaut. Ende des 19. Jahrhunderts
war es für zahlreiche künstlerische und intellektuelle Wiener
Kreise zum beliebten Ort der Sommerfrische geworden. Das
Belle Vue, wie es hieß, war ein idealer Platz kreativer Geselligkeit und Ausgangspunkt für erholsame Spaziergänge. So verbrachte zum Beispiel die Gruppe um Hugo Wolf (1860–1903),
die berühmten Frauenrechtlerinnen und Theoretikerinnen des
Feminismus Marie Lang (1858–1934) und Rosa Mayreder
(1858–1938), in den 80er-Jahren des 19. Jahrhunderts hier immer wieder geruhsame Tage. Marie Lang war es gelungen, für
Hugo Wolf, der psychisch sehr labil war und an ständigem
Geldmangel litt, eine Pension von Baron Lipperheide[390] zu or-

ganisieren. Rosa Mayreder wiederum hatte das Textbuch zu Hugo Wolfs einziger Oper „Der Corregidor" geschrieben,[391] die 1896 in Deutschland uraufgeführt wurde. Eine Inszenierung an der Wiener Oper unter Gustav Mahler scheiterte. Schließlich rissen die angegriffenen Nerven Hugo Wolfs, er wurde in eine Heilanstalt eingewiesen. Von dort aus schrieb er: „Denken Sie nur, daß ich zwei volle Monate unter den ärgsten Narren verbringen musste. Ist es da zu verwundern, wenn ich in solcher Umgebung auch auf närrische Gedanken kam. Schließlich bin ich doch der geblieben, der ich war, nur größer, weiser, reifer, ja ich möchte sagen lustiger."[392] Hugo Wolf starb 1903 im Alter von nur 43 Jahren in einer Anstalt.

Zu dem illustren Kreis zählte auch das „wandelnde Lexikon" Wiens, der Privatgelehrte und Mystiker Friedrich Eckstein. Als Schüler Anton Bruckners machte sich „Mac Eck", wie er genannt wurde, als dessen Nachlassverwalter einen Namen. Friedrich Eckstein entstammte einer reichen, angesehenen und liberal denkenden Industriellenfamilie. Der Vater, Albert Eckstein, hatte als Fabrikdirektor Jahrzehnte vor der gesetzlichen Einführung der Krankenversicherung für seine Belegschaft ein eigenes Versicherungssystem entwickelt und auch die Arbeitszeit reduziert.[393] Seine zahlreichen Kinder spielten zusammen mit Arbeiterkindern. Eine Tochter, Therese verheiratete Schlesinger, war eine der ersten weiblichen parlamentarischen Abgeordneten der Sozialdemokratie; eine andere, Emma Eckstein (1865–1924), aber sollte durch Sigmund Freuds Publikation über die Traumdeutung in die Geschichte der Psychoanalyse eingehen. Friedrich Eckstein, Polyhistor, Weltverbesserer und begnadeter Erzähler, der sich sommers wie winters nur in Leinen kleidete,[394] war natürlich auch ein Freund Sigmund Freuds.[395] Die beiden schätzten einander sehr. Friedrich Eckstein veröffentlichte 1931 eine Studie über den Philosophen Leibniz in Sigmund Freuds Psychoanalytischem Verlag. Sigmund Freud wiederum beendete den ersten Teil seines Werkes „Das Unbehagen in der Kultur"[396] mit einem Passus, der sich laut Anna Freud auf Friedrich Eckstein

80. Sigmund Freud mit Familie und Minna Bernays um 1898

beziehen soll:[397] „Ein anderer meiner Freunde, den ein unstill-
barer Wissensdrang zu den ungewöhnlichsten Experimenten
getrieben und endlich zum Allwisser gemacht hat, versicherte
mir, daß man in den Yogapraktiken durch Abwendung von der
Außenwelt [...] durch besondere Weisen der Atmung tatsächlich neue Empfindungen und Allgemeingefühle in sich er-
wecken kann, die er als Regression zu uralten, längst überla-
gerten Zuständen des Seelenlebens auffassen will.“[398]

Friedrich Eckstein beschrieb einen der Tage im Belle Vue:
„Das Leben in unserer Sommerkolonie gestaltete sich überaus
reizvoll. Wolf arbeitete fleißig an seinen Liedern und liebte es,
uns das gerade erst Komponierte vorzuspielen, jeder von uns
ging seiner Arbeit nach und an den Abenden fanden wir uns zu
dem von Marie Lang bereiteten gemeinsamen vegetarischen
Mahle ein, bei schönem Wetter auf der geräumigen Terrasse
146   oder unter einer mächtigen Linde.“[399] Man fabulierte, kompo-

nierte und diskutierte unter anderem die Ideen von Feminismus, Vegetarismus und Sozialismus. Hugo Wolf hatte zudem das verstimmte Klavier wieder in Schwung gebracht, auf dem auch Anton Bruckner der bunten Runde bei seinem Besuch einiges aus seiner gerade vollendeten Achten Symphonie vortrug.[400]

Im Tale unten, in der Stadt der Gegensätze, gesellten sich zu diesem bunten Kreis auch der Urheber der Anthroposophie Rudolf Steiner, der Parteigründer der österreichischen Sozialdemokratie Viktor Adler oder der Schriftsteller Arthur Schnitzler. Friedrich Ecksteins Wohnsitz in Baden, das St. Genois-Schlössl, sollte durch Arthur Schnitzler in der Literatur verewigt werden: In seinem Stück, „Das weite Land", das 1910 entstand, wählte er es zur Kulisse des Hofreither'schen Ehedramas.[401] In dieser Tragikkomödie hört man leichtfüßig jene Worte, denen Sigmund Freud in mühsamer wissenschaftlicher Forschung sein ganzes Leben widmete: „Wir versuchen wohl, Ordnung in uns zu schaffen, so gut es geht, aber diese Ordnung ist doch nur etwas Künstliches ... Das Natürliche ... das Chaos. Ja – mein guter Hofreiter, die Seele ... ist ein weites Land."[402] Sigmund Freud fühlte sich Arthur Schnitzler sehr verwandt, er bewunderte – ja beneidete diesen auch um „seine geheime Kenntnis der Menschenherzen".[403]

Während Friedrich Eckstein mit seinen Büchern, seiner schönen Frau Bertha Diener (1874–1948), der später erfolgreichen Schriftstellerin Sir Galahad, in den 1890er-Jahren gelehrt vor sich hin lebte und in den Kaffeehauszirkeln durch seine Klugheit brillierte, litt seine unverheiratete Schwester Emma an zahlreichen körperlichen und psy-

81. Emma Eckstein

147

chischen Symptomen, die sie schließlich zur Psychoanalyse und zu Sigmund Freud führten. Emma wurde von ihm bis 1897 behandelt. Wilhelm Fließ, ein deutscher Kollege und Freund, anfangs ebenso ratlos wie Sigmund Freud, schlug bei der Patientin eine Nasenoperation zur Linderung der Symptome vor. Wilhelm Fließ, der eigens von Berlin nach Wien gefahren war, operierte selbst. Dabei vergaß er allerdings einen fünfzig Zentimeter langen Gazestreifen in der Nase der Patientin, was beinahe zum Tode Emmas führte.[404] Ein klassischer medizinischer Kunstfehler. Derartiges kam immer wieder vor. Dr. Ignaz Rosanes führte bei Sigmund Freuds Tochter Mathilde im Jahr 1905 eine Blinddarmoperation durch, bei der er eine neue Methode der Ligatur von Blutgefäßen erprobte. Auch hier entstanden Komplikationen. Mathilde überlebte den Eingriff zwar, konnte jedoch in der Folge keine Kinder mehr bekommen.[405] Im Falle Emma Ecksteins war Dr. Rosanes erfolgreicher. Zu Rate gezogen entdeckte er den vergessenen Gazestreifen und entfernte ihn. Die Patientin, die während der Notoperation trotz des vielen Blutes nicht einmal das Bewusstsein verloren hatte, und Sigmund Freud im Zimmer wanken sah, kommentierte seine Übelkeit lakonisch: „Das ist das starke Geschlecht".[406] Obwohl Emma Eckstein Zeit ihres Lebens immer wieder Rückfälle in psychische Krankheitszustände erlitt,[407] erhob sie sich von der Couch und nahm bis zu ihrem Tod im Jahr 1924 selbst Patientinnen in Behandlung.[408] Zu ihrem Analytiker Sigmund Freud verblieb sie in einer Mischung aus Freundschaft und Feindschaft.[409]

Die Operation wurde im Frühling 1895 unten in der Stadt durchgeführt. Oben am Berg schienen derartige Probleme in der Sommerfrische des Belle Vue weit entfernt zu sein – aber nur scheinbar. In Wien überschnitten sich nicht nur einzelne Kreise, trafen sich an Plätzen, inspirierten sich gegenseitig und schufen kreative Milieus. Hier webten die unterschiedlichsten Personen auch an Gedankennetzen, die sich manchmal wie zufällig an einem spezifischen Ort verankerten. Das Belle Vue zählt zu diesen magischen Räumen der Geschichte, an denen

ein spezielles Ereignis stattfand und in einem eigenen Datum
erhalten blieb.
In der Nacht zum 24. Juli 1895 träumte Sigmund Freud in seinem 39. Lebensjahr im Belle Vue, über den Dächern der Stadt,
einen Traum. Er sollte der erste Traum werden, den er einer
eingehenden Deutung unterzog und der in der Folge Ausgangspunkt für seine These wurde, dass Träume Wunscherfül-
lungen sind.[410] In der eigenen Traumdeutung Sigmund Freuds
lag die Erkenntnis, dass er seinen Patientinnen nur helfen
konnte, indem er sich selbst analysierte. Im Jahr 1900, fünf
Jahre nach seinem Traum, residierte Sigmund Freud abermals
im Schloss Belle Vue. Diesmal traf er eher auf Personen aus der
Mittelschicht, bei denen er sich nicht immer sehr wohl
fühlte.[411] Umso schöner erschien ihm die Natur. In diesem Jahr
war er sich der Bedeutung seiner Arbeit über die Traumdeu-

tung zwar schon im Klaren, dennoch schrieb er seinem Freund Wilhelm Fließ zweifelnd: „Glaubst Du eigentlich, daß an dem Hause dereinst auf einer Marmortafel zu lesen sein wird:? ‚Hier enthüllte sich am 24. Juli 1895 dem Dr. Sigm. Freud das Geheimnis des Traumes?‘“[412]

post scriptum

Die Geschichte des Belle Vue war ebenso wechselvoll wie jene des 20. Jahrhunderts. In der Zwischenkriegszeit baute die Gemeinde Wien das Gebäude zu einem Erholungsheim für lungenkranke Kinder um. 1961–63 stand hier ein Ausflugsrestaurant[413], das 1982 abgerissen wurde.[414] Das Haus selbst verschwand als Standort der Geschichte. Der Platz blieb leer. Kein Neubau zerstört die Aussicht. Eine grüne Wiese aber gibt den Blick frei und lässt die Schritte zu einer Gedenktafel leiten, die 1977 hier ihre Aufstellung fand und vom bekannten Architekten Wilhelm Holzbauer gestaltet wurde.[415] Sie erinnert an Sigmund Freud und die Traumdeutung, indem sein Brief an Wilhelm Fließ zitiert wird.

83. Sigmund Freud auf dem 50-Schilling-Schein

Schauplatz 12

Ein psychoanalytisches Experiment:
Die Reformschule der Eva Rosenfeld
(1892–1977)

> „Im großen und ganzen bleibt also die psychoanaly-
> tische Pädagogik hinter dem Ziel zurück, das sie sich
> eingangs gesteckt hat."[416]
>
> Anna Freud

1130 Wien,
Wattmanngasse 11

Hietzing, der 13. Bezirk Wiens, ist ein Nobelviertel, das sich an
das Schloss Schönbrunn, das „Klein Versailles" von Wien, an-
schmiegt. Prominente Villen reihen sich hier aneinander und
erzählen Geschichten ihrer berühmten Bewohnerinnen und
Bewohner. Im Café Dommayer debütierte im Jahr 1844 Johann
Strauß Sohn und startete neunzehnjährig seine musikalische
Karriere. In der Trauttmansdorffgasse 27 ist die Wohnung des
Komponisten Alban Berg als Museum zum Besuch freigege-
ben. In der Feldmühlgasse besaß der Jugendstil-Maler Gustav
Klimt sein heute verschwundenes Atelier.[417] Hier produzierte
er nicht nur berühmte Gemälde, sondern auch eine ganze An-
zahl illegitimer Kinder.[418] Das letzte Atelier Egon Schieles in der
Wattmanngasse 6 existiert nicht mehr. Schräg gegenüber je-
doch, im Blick auf die Nummer 11, kann die Erinnerung an die
Rosenfelds lebendig werden.

Valentin Rosenfeld und Sigmund Freud hatten einander im
Jahr 1905 kennen gelernt, als der angehende Jurist bei dem
Professor für Neuropathologie einige Vorlesungen besuchte.[419]
Fünf Jahre später war Valentin Rosenfeld in seine Cousine Eva,
eine preußische Jüdin, verliebt und bat den Experten in dieser
Angelegenheit um Rat. Er wollte wissen, ob eine derart enge

151

84. Eva Rosenfeld

verwandtschaftliche Beziehung ein Hinderungsgrund für die Eheschließung sein könnte. Da Sigmund Freud seine Zustimmung gab, stand der Hochzeit nichts mehr im Wege.[420] Seit 1917 war die Familie Rosenfeld in der Wattmanngasse 11 gemeldet.[421] Die Musikzimmer-Einrichtung stammte von Adolf Loos,[422] dem Modernisierer der Architektur. In Hietzing hatte er nicht nur zahlreiche private Auftraggeber für seine ornamentlosen Villen-Entwürfe gefunden, sondern – zusammen mit der architektonischen Avantgarde – auch in der berühmten „Werkbund-Siedlung" seine Spuren hinterlassen. Diese Musterwohnsiedlung im Auftrag der Gemeinde Wien, die seit 1984 unter Denkmalschutz steht, wurde in den Jahren 1930 bis 1932 zwischen Jagdschlossgasse und Veitingergasse errichtet.[423] Die Rosenfelds führten ein „offenes Haus", in dem sich die unterschiedlichsten Zirkel trafen und die Villa mit anregenden Gesprächen und viel Musik erfüllten. Als im Jahr 1918 zwei von vier Kindern an Ruhr erkrankten und starben[424], versuchte

85. Wattmanngasse 11, das ehemalige Haus der Familie Rosenfeld

Eva Rosenfeld ihre Trauer zu bekämpfen, indem sie sich in Aktivitäten stürzte. In ihrem Heim wollte sie ein Zentrum schaffen, das „Vorbild für Hauswirtschaft und Gartenpflege für junge Mädchen" sein sollte. Ihr Domizil wollte sie, wie sie sagte, zu einer „Art Forschungsstation" umfunktionieren.[425] Bald schon nahmen verschiedene Eltern ihre Ideen positiv auf und überließen ihr die Kinder zur Betreuung. Als sich immer wieder

86. Eva und Valentin Rosenfeld, ca. 1920

schwer erziehbare Jugendliche im gastfreundlichen Ambiente einfanden, kamen zu der pädagogischen Ausrichtung auch zunehmend Aspekte des Helfens und Heilens.[426] Valentin Rosenfeld (1886–1970) war vielseitig begabt, interessiert und engagiert. Er war begeisterter Goethe-Sammler, Funktionär im jüdischen Schwimmclub „Hakoah", Zionist und Wagnerianer.[427] Von Beruf war er Rechtsanwalt. In dieser Funktion verteidigte er 1927 eine Gruppe von Sozialisten, die aus Empörung den Justizpalast gestürmt hatten, nachdem einige wegen Mordes angeklagte christlich-soziale Frontkämpfer freigesprochen worden waren.[428] In diesem Jahr der innenpolitischen Turbulenzen startete seine Frau Eva eine friedliche pädagogische Revolution:[429] Sie eröffnete ihre experimentelle psychoanalytische Reformschule. Der Lehrplan für die an die zwanzig Kinder umfassende Gemeinschaft, die international zusammengesetzt war, basierte auf Projektunterricht und der Freiheit von Zwang.[430] So erschien die Schule manchen als ein „herrlich vielversprechendes, privilegiertes, von reinerer, menschlicherer, wahrhaftigerer Gesinnung und einem positi-

87. Kinder vor der Rosenfeld-Schule

ven Sinn für Gemeinschaft durchwehtes Unternehmen in einem lichten, durchsonnten Holzhaus, in dem es sogar gut nach Holz und Linoleum roch; geleitet von immerhin überlegenen, auch und gerade als Menschen gebildeten und sich eines Ideals von Menschlichkeit bewussten, nicht bloß auf Fach und Karriere bedachten, sondern von humanem Interesse, ja von so etwas wie einem Missionsbewusstsein begeisterten Leuten."[431]

Peter Heller wird in späteren Jahren dem Experiment, dem er als Schüler beiwohnte, ambivalent gegenüberstehen: „Und mein bitterster Vorwurf gegen Anna Freud, Dorothy Burlingham und den Kreis der orthodoxistisch gesinnten, anmaßenden, sich autoritär gebärdenden Psychoanalytiker war und bleibt ja, dass sie einen entmündigenden, oft verdummenden Einfluß ausübten, statt weiterzugehen in der Befreiung der Menschen, die im Ansatz der Psychoanalyse als Möglichkeit gegeben zu sein schien".[432] Die Befreiung aus jeglichen Zwängen war demnach mehr Möglichkeit als Realität, mehr Utopie als Praxis und wurde durch den engen Bannkreis der Beziehungen immer wieder auf die Probe gestellt. Fast alle Kinder befanden sich in Analyse, meistens bei Anna Freud, die Eltern entweder bei Sigmund Freud oder bei einem anderen renommierten Analytiker. Analytische Beziehungen und persönliche Freundschaften überschnitten sich, so dass die zwischen Analytiker/Analytikerin und Patient/Patientin geforderte emotionale Distanz oft nicht mehr aufrechterhalten werden konnte. Man verbrachte nicht nur den Wiener Alltag im engmaschigen Netz dieses Zirkels, sondern bildete auch an den Orten der Sommerfrische eine eigene psychoanalytische Kolonie, wo man sich analysieren ließ.[433]

Die Eröffnung der Rosenfeld-Schule ist im Kontext der Schulreformbewegung der Zwischenkriegszeit zu sehen. Federführend war der sozialdemokratische Schulreformer Otto Glöckel, der jedoch seinerseits (etwa in Bezug auf die Koedukation) auf die Ideen von Dr. Eugenie Schwarzwald (1872–1940) zurückgegriffen hatte. Von dieser Pionierin der Didaktik waren in ihrer eigenen Mädchenschule schon um die Jahrhundertwende radikal neue Erziehungsmethoden angewandt worden.[434] Sie war es auch, die die Koedukation bereits gefordert hatte, aber, ihrer Zeit voraus, an der Umsetzung gescheitert war. Die Gründung der Hietzinger Reformschule in den 1920er-Jahren stand demnach in einer reformpädagogischen Tradition, die jedoch erst jetzt durch die spezifischen politischen Rahmenbedingungen der Sozialdemokratie verwirklicht werden konnte. Eigentlich war die Errichtung der Schule eine Folge des Zusammentreffens dreier Frauen: Eva Rosenfeld, Anna Freud und Dorothy Burlingham.

Siegfried Bernfeld, Analytiker, aktiver Sozialdemokrat und seit 1924 Sekretär der Psychoanalytischen Vereinigung,[435] war nicht nur mit den Freuds, sondern auch mit der Familie Rosenfeld befreundet. Wie gut die Kreise mit ihren Netzwerken funktionierten zeigte sich, als Siegfried Bernfeld, der von einem schwierigen jugendlichen Pflegefall hörte, Anna Freud über das Rosenfeldprojekt informierte. Anna Freud lernte Eva Rosenfeld im Jahr 1924 kennen.[436] Dies bescherte beiden Frauen

88. Die Reform-
pädagogin Dr. Eugenie
Schwarzwald

eine kurze Sternstunde des Glücks. Im gleichen Jahr machte
die spätere Schulgründerin Eva Rosenfeld die Bekanntschaft
Sigmund Freuds[437] und wurde ab nun ein geschätztes Mitglied
der Familie. Evas Tochter Mädi war zu Anna Freud in analytische Behandlung gegangen. Anna Freud wiederum brachte
einige ihrer jugendlichen Schützlinge – unter anderem auch
ihren Neffen Ernst Halberstadt – in der Rosenfeld'schen Kolonie unter.[438]

Im Jahr 1925 stieß die reiche Amerikanerin Dorothy Bur-
lingham, die sich auf der Suche nach Hilfe für ihren kranken
Sohn befand, zur Gruppe um Freud. Dadurch wurde die enge
Beziehung zwischen Eva Rosenfeld und Anna Freud spürbar
gelockert. Die drei Frauen mussten sich in einem schwierigen
Balanceakt zwischen Nähe und Eifersucht üben. Mit Dorothy
Burlinghams finanzieller Unterstützung wurde jedoch in der
Folge – in großzügiger Distanz zu den emotionalen Verwick-
lungen – im Garten des Rosenfeld-Hauses ein neuer Holzbau

89. Wilhelm Reich mit Siegfried Bernfeld, Elisabeth Neumann, Mädi Olden,
1920er Jahre

mit zwei Stockwerken und verschiedenen Klassenräumen errichtet.[439] Die Pläne dafür hatten der „reichsdeutsche" Peter
Blos, ein Privatlehrer der Amerikanerin und der skandinavi-
sche Bohemien und später in den Vereinigten Staaten berühmt
gewordene Sozialpsychologe und Psychoanalytiker Erik Hom-
burger-Erikson angefertigt.[440] Die neue Dynamik um den Ausbau der Schule war durch einen tragischen Schicksalsschlag
ausgelöst worden: Im Jahr 1927 kam die fünfzehnjährige Mädi
bei einem Bergunfall ums Leben.[441] Für Eva Rosenfeld bedeutete der Verlust ihres dritten Kindes eine schwere Prüfung, der
sie mit verstärktem Engagement für die Konzeption ihrer
Schule zu begegnen suchte.
     Maßgebliche Mäzenin des humanistischen Reformexperi-
ments war Dorothy Burlingham. Da sie für ihre Kinder eine Al-
ternative zum öffentlichen Schulwesen gesucht hatte, profi-

tierte auch sie von ihrer Investition, da alle ihre Kinder die Schule besuchten. Darüber hinaus wurde die ambitionierte Kolonie eine Anlaufstelle für das wohlhabende Bürgertum der 1920er-Jahre, das zwar den finanziellen Aufstieg geschafft, aber keine glücklichen Kinder hervorgebracht hatte. Im Unterschied zur Jahrhundertwende, als die Krisen der Ehepartner noch innerhalb der Familie ausgetragen wurden, waren die Sprösslinge nun mit Trennungen und Scheidungen konfrontiert, unter denen sie nicht weniger litten. Einer der Schüler, Peter Heller, war der Sohn des berühmten Wiener Zuckerlfabrikanten Hans Heller, der schon im Ersten Weltkrieg Sigmund Freud und Karl Marx gelesen hatte.[442] Er sah seinen Sohn in Eva Rosenfelds Schule bestens aufgehoben – zumal ihn seine Ehefrau kurzerhand mit einem anderen verlassen hatte.[443] Ein weiterer Zögling war der Sohn des linken Stadtrates August Aichorn. Als Experte auf dem Gebiet der Jugendkriminalität leitete er auf psychoanalytischer Grundlage in Oberhollabrunn ein Heim für verwahrloste Jugendliche.[444] Er stand der Hietzinger Reformschule zudem immer wieder als Lehrer zur Verfügung.[445] Ein anderer Schüler kam direkt aus Berlin, wo sein Vater, Dr. Ernst Simmel, ein psychoanalytisches Sanatorium leitete. Auch Kyra Nijinski, die Tochter des berühmten Tänzers, der nun sein Leben in Anstalten anstatt auf der Bühne verbrachte, fand hier eine Ersatzfamilie. Im Gegensatz zu den anderen Mädchen betörend geschminkt, brachte sie den anderen Tanzen und Boxen bei.[446]

90. Kyra Nijinski mit ihren Eltern, spätere Schülerin in der Freien Schule Hietzing

159

Während die Kinder den Schulalltag in Hietzing verbrachten, trafen sich einige von ihnen in den Ferien in der Sommerfrische wieder. Die links-liberale bzw. links-radikale künstlerische und intellektuelle Avantgarde psychoanalytischer Prägung traf sich etwa in Grundlsee, einem kleinen Ort im Salzkammergut und packte dort zwischen Bergen und Seen nicht nur den Sommer, sondern auch die Erotik und Promiskuität aus den Koffern.[447] Da Kinder wie Erwachsene für die psychoanalytische Theorie über Sexualität sensibilisiert und der Ideologie der Psychoanalyse unterworfen waren, wurde das sexuelle Begehren in der Sonne weiter aufgeheizt und dann in der Frische des Wassers abgekühlt.

Die „freie Hietzinger Schule" existierte von 1927 bis 1932. Sie wurde aufgelöst, als Eva Rosenfeld ihren Mann verließ und nach Berlin zog. Für die Pädagogin war die Trennung eine doppelte: Sie entzog sich sowohl den Konflikten mit ihrem Mann als auch jenen mit einer Frau – Anna Freud. Dorothy Burlingham hatte bei Anna Freud nach und nach jene intime Stellung eingenommen, die davor ausschließlich von Eva Rosenfeld ausgefüllt worden war. Berlin wurde durch den wachsenden Antisemitismus immer gefährlicher. So emigrierten Gottfried und Brigitte Fischer, Eigentümer des S. Fischer Verlages, 1936 und fanden im Haus Rosenfeld in Wien Herberge.[448] Eva Rosenfeld aber zog 1936 nach London und begann dort eine Therapie bei Melanie Klein, einer Kontrahentin der Freud'schen Richtung der Psychoanalyse. Dieser Schritt brachte sie in weitere Entfernung zur Freudianerin Anna. Bis zu ihrem Tod im Jahr 1977 arbeitete Eva Rosenfeld als Psychoanalytikerin; das Verhältnis zu Anna Freud, der Grande Dame der Kinderpsychoanalyse, war bis zu ihrem Tode zwar distanziert, aber aufrecht.

post scriptum

Das Wiener Experiment der „freien Schule" in Hietzing wurde durch den Zweiten Weltkrieg endgültig zerstört, als eine Bombe das Schulgebäude vernichtete.[449]

Schauplatz 13

Politik und Psychoanalyse:
Muriel Gardiner (1901–1985)

„Ich liebte tatsächlich nicht die Arbeit allein,

sondern das Leben selbst."[450]

Muriel Gardiner

2392 Wienerwald-Sulz,

Kaltenleutgebenerstraße 104, Sulzer Höhe

Noch heute ist die Wienerwaldgemeinde Sulz ein kleiner Ort und hat den Charakter einer Streusiedlung. Viele Gehöfte liegen weit entfernt vom Ortskern. Um ein Sommerhaus, ganz aus Holz, das sich fast im Wald versteckt, haben sich bis heute Gerüchte erhalten: Die „Amerikaner-Hütten" kennen die Einheimischen sofort, wenn man in den Wirtshäusern der Umgebung nach diesem Gebäude fragt. Von Fremden, die dort in der Zwischenkriegszeit gekommen und wieder gegangen wären, ist die Rede und von einer geheimen Funkstation, die sich im Haus befunden haben soll.[451] Ein Ortsansässiger, der erzählte, sich schon immer für das Haus interessiert zu haben, meinte sogar: „Dem Haus haftet etwas Geheimnisvolles an."[452]

Das Objekt selbst, Kennern der österreichischen Architektur des 20. Jahrhunderts als Haus Gardiner bekannt,[453] wurde von dem Architekten Felix Augenfeld (1893–1984) um 1929/1930 für die Amerikanerin Muriel Gardiner gebaut und wird als gelungene Verbindung von lokaler Bautradition mit angloamerikanischen (Stil-)Elementen, zurückhaltend angepasst an die landschaftliche Umgebung, beschrieben.[454] Das Zentrum des Wohnraumes bildete ein „offen gemauerter Kamin um den sich eine Sitzgruppe mit breiten Armstühlen, einem Kanadier samt Sitzhocker" gruppierte.[455] Auch die Inneneinrichtung wurde vom Atelier Hofmann und Augenfeld entworfen. Die

91. Architekt Felix Augenfeld, Sommerhaus für Muriel Gardiner in der Sulz

Planung des Umbaus von Anna Freuds Anwesen in Hochrotherd geht ebenso auf Augenfeld zurück wie der Entwurf des Ar-
beitssessels von Sigmund Freud in dessen Arbeitszimmer in
der Berggasse 19.[456] In den USA – Augenfeld musste Österreich 1939 verlassen – gehen mehrere Strandhäuser auf Fire
Island bei New York, Raumgestaltungskonzepte für Wohnungen, vor allem aber die Errichtung und Einrichtung der Bibliothek im New Yorker Stadthaus von Muriel Gardiner-Buttinger
und Joseph Buttinger auf seine Entwürfe zurück.[457]

Wer war nun „die Amerikanerin", über die sich die Bewohner der kleinen Gemeinde Sulz im Wienerwald die Köpfe zer-
brachen? „Mein eigenes Leben sagt mir sicher zu, doch wäre

92.
Muriel Gardiner

es mir nicht zuteil geworden und hätte ich ein anderes zu wäh-
len gehabt, so wäre es sicher das Ihre gewesen[458]", schrieb
Anna Freud im Vorwort zu Muriel Gardiners Autobiografie.
Muriel Gardiner war nach Wien gekommen, um bei Sigmund
Freud eine Analyse zu beginnen. Ihre Erlebnisse im Wien der
1930er-Jahre wurden vierzig Jahre später zur Vorlage eines Ro-
mans und eines Films.[459] Die Filmheldin „Julia", gespielt von
Vanessa Redgrave, unterstützte den sozialistischen Unter-
grundkampf gegen die austrofaschistische Diktatur, verliebte
sich in einen österreichischen Sozialdemokraten und setzte ihr
Leben ein, um Menschen vor dem nationalsozialistischen Terror zu retten. Die wirkliche „Julia", Muriel Gardiner, kannte
weder Roman noch Film. Von Bekannten angesprochen, die
meinten, Ähnlichkeiten mit ihr entdeckt zu haben und auf
Drängen ihres Mannes Joe Buttinger, der selbst ein Buch über
den Kampf der österreichischen Sozialdemokratie gegen den
autoritären Ständestaat geschrieben hatte,[460] veröffentlichte sie
ihre Erinnerungen schließlich unter dem Titel „Deckname
Mary. Erinnerungen einer Amerikanerin im österreichischen
Untergrund".[461]
   Muriel Gardiner wurde 1901 als jüngstes Kind einer reichen
Chicagoer Familie geboren. Die Familie besaß einen großen,
Fleisch verarbeitenden Betrieb und zählte zu den so genann-
ten Chicagoer Schlachthausbaronen. Trotz materiellem Luxus
dominierten Werte wie Arbeitsethos, Disziplin, Gehorsam,

aber auch Bildung die protestantisch-puritanische Erziehung der Kinder. Liebevolle Vertrauensbeziehungen gab es weder zu Vater noch zur Mutter, für emotionale Wärme sorgte eine Kinderfrau.[462] Nach dem Tod des Vaters übernahmen beide Brüder 1913 die Firma. Deren Verkauf in den frühen 1920er-Jahren ermöglichte es Muriel, ab ihrem 21. Lebensjahr ein eigenes Einkommen zu beziehen. Schon früh entwickelte sie, die umgeben von mehr als einem Dutzend Bediensteten in einem Tudor-Stil-Haus mit Garten, Garage, Ställen und Tennisplatz aufwuchs,[463] ein Gefühl für soziale Ungerechtigkeit und begann sich für Politik zu interessieren. In ihren Jahren als Studentin des renommierten Wellesley College engagierte sie sich in politisch als linksliberal geltenden Diskussionsgruppen und Komitees. Als kurz nach dem Ersten Weltkrieg von einer Studentinnengruppe Lebensmittelpakete und Kleidungsstücke für Not leidende Studierende an der Universität Wien organisiert wurden, verkaufte Muriel Gardiner ihre Büchersammlung, um Geld aufzustellen. Anfang der 1920er-Jahre hatte sie bereits den Ruf, eine „Rote" oder eine „Bolshie" zu sein, „wie man damals jeden links von der Mitte Stehenden nannte".[464] Im Jahr 1922 beendete sie ihr Studium am Wellesley College und verbrachte – in der Tradition einer klassischen Bildungsreise – ein Jahr in Italien. Prägendes Erlebnis dieses Jahres war für sie der Einmarsch der Faschisten in Rom, im Oktober 1922. Später zog Muriel Gardiner nach Oxford, wo sie an einer Dissertation über Mary Shelley, der Tochter von Mary Wollstonecraft, die als Schöpferin der Frankensteingeschichte in die Literatur einging, arbeitete. An Mary Shelley hätten sie deren Furchtlosigkeit und Nonkonformismus interessiert, bemerkte sie in ihrer Autobiografie.[465] Allerdings sollte Gardiner bei der Titelvergabe leer ausgehen: Sie war bei der Verteidigung ihrer Arbeit vor einer Prüfungskommission durchgefallen.

Im Frühjahr 1926 beschloss Muriel Gardiner, nach Wien zu übersiedeln, um bei Freud eine Analyse machen. „Weniger aus innerer Überzeugung sondern aus – wie man sagen könnte – äußerem Zwang, da ich mich persönlich in einer schwierigen

Lage befand."[466] Die einzigen Analytiker, deren Namen sie kannte, waren Freud, Jung und Adler."[467]

Freud lehnte es ab, Muriel Gardiner als Patientin anzunehmen, vermittelte sie aber an seine damalige Lieblingsschülerin Dr. Ruth Mack-Brunswick.[468] Muriel war einerseits enttäuscht über Freuds Ablehnung, andererseits jedoch froh, an eine Analytikerin mit englischer Muttersprache und amerikanischem kulturellem Hintergrund geraten zu sein. Wie damals üblich fand die Analyse an sechs Tagen in der Woche statt. Als die Analytikerin im Sommer 1926 ihre Ferien in den USA verbrachte, folgte ihr Muriel, um keine Zeit zu verlieren. Erst im Herbst desselben Jahres erkundete Gardiner ihre neue Wiener Umgebung und erlebte sie als beispiellos fortschrittlich: „Ich sah mir neue Arbeiterwohnungen und eine Reihe sehr interessanter Schulen für Kinder und Erwachsene an. Ich stellte fest, daß keine Elendsviertel existierten, war von den sauberen Straßen, den gepflegten Parks und dem schönen Wienerwald beeindruckt. Ich war begeistert vom Erfolg der obligatorischen Krankenversicherung, etwas, das den meisten Amerikanern als absolut unmoralisch erschien war."[469]

Die Beziehung zu der damals erst achtundzwanzigjährigen Ruth Mack-Brunswick war durch Hochachtung und Bewunderung geprägt. „Viele Einzelheiten der damaligen Analyse würde man heute in den Vereinigten Staaten beanstanden. Die Analytiker äußerten ihre Meinungen und Ansichten viel offener und diskutierten sie häufig mit ihren Patienten; manche Analytiker waren weniger streng als wir heute darauf beacht, den privaten Kontakt mit Patienten zu meiden, viele hatten nichts dagegen einzuwenden, daß ihre Patientinnen einander kannten; und einige regten sogar Kontaktaufnahmen an, wenn vorauszusehen war, daß einer dem anderen behilflich sein konnte."[470] So vermittelte ihr Brunswick den in Russland gebürtigen „Wolfsmann" – einen ehemaligen Patienten Freuds – als Russischlehrer, besprach Gardiners Probleme mit Freud und teilte dieser dann wiederum Freuds Meinung mit. Auf ihr beharrliches Drängen wurde Gardiner dann eines

Tages in Freuds Sommerhaus eingeladen, wo sie die gesamte
Familie kennen lernte und von Freud beeindruckt war. Erst
1938, in ihrem letzten Jahr in Wien, wurde sie in die Mittwoch-
Gesellschaft eingeladen, die allerdings Freud zu diesem Zeitpunkt bereits verlassen hatte.

Zunächst war der Wienaufenthalt nur als ein kurzer gedacht.
Gardiner wollte sich Zusatzqualifikationen holen, um später in
den USA Lehrerin zu werden. Nicht zuletzt der Liebe wegen
blieb sie jedoch in Wien. Nach Beendigung ihrer Analyse im
Jahr 1929 heiratete sie den in Wien studierenden englischen
Musiker Julian Gardiner. 1931 wurde Tochter Conny geboren,
die Ehe aber bald wieder geschieden. Ab nun begann sich Muriel für die Theorie der Psychoanalyse zu interessieren und beschloss, selbst diesen Beruf zu ergreifen. Die Zulassung als Analytikerin in den USA war jedoch an ein abgeschlossenes
Medizinstudium gekoppelt, daher inskribierte Gardiner ab
Herbst 1932 an der Wiener Medizinischen Fakultät.

Ende der 1920er-Jahre verstärkten sich in Österreich die Kon-
flikte zwischen den beiden großen politischen Blöcken – der
Christlich-Sozialen und der Sozialdemokratischen Partei. Beide
Fraktionen verfügten über paramilitärische Verbände sowie
eine zunehmend radikalisierte Anhängerschaft. Als bei einem
Zusammenstoß zwei Menschen getötet, die für die tödlichen
Schüsse verantwortlichen christlich-sozialen Frontkämpfer jedoch freigesprochen wurden, kam es am 15. Juli 1927 zu sponta-
nen Arbeitsniederlegungen und wilden Demonstrationen in der
Wiener Innenstadt, welche die Polizei gewaltsam niederschlug.
89 Personen wurden im Zuge der Kämpfe getötet, einige hundert verletzt und der Justizpalast, in dem sich Polizeieinheiten
zurückgezogen hatten, in Brand gesteckt. Muriel Gardiner, die
diesen Sommer wieder in den Vereinigten Staaten verbrachte,
verfolgte die Ereignisse in den New Yorker Zeitungen.

Einige der jüngeren Analytiker und Analytikerinnen aus
dem Umfeld Freuds, u. a. auch Ruth Mack-Brunswick, sympa-
thisierten mit der Sozialdemokratie. Aktiv engagiert waren jedoch nur wenige. Obwohl Freud noch 1927 das Manifest der

93. Der Brand des Justizpalastes, 1927

Intellektuellen für die Fortsetzung der sozialreformerischen
Politik der Gemeinde Wien unterschrieben hatte,[471] verhielt er
sich in den 1930er-Jahren bestenfalls neutral. Zum Bürgerkrieg
des Jahres 1934 äußerte er sich in einem Brief an Hilda Doolittle: „Wir durchlebten eine Woche des Bürgerkrieges. Nicht
viel persönliche Unannehmlichkeiten, nur ein Tag ohne elek-
trisches Licht, aber die Stimmung war scheußlich und ein Gefühl wie bei einem Erbeben. Zweifellos gehörten die Rebellen

94. Nach den Kämpfen des 12. Februar 1934

zum besten Teil der Bevölkerung, doch ihr Erfolg wäre sehr
kurzlebig gewesen und hätte eine militärische Invasion des
Landes mit sich gebracht. Außerdem waren es Bolschewisten,
und ich erwarte kein Heil vom Kommunismus. So konnten wir
in diesem Kampf unsere Sympathie keiner der beiden Seiten
zuwenden."[472] Freuds Sohn Martin erinnerte sich allerdings,
dass die Familie Freud „alles andere als neutral" war. „All unsere Sympathien lagen bei Kanzler Dollfuß und seinem Nach-
folger Schuschnigg"[473], schrieb Martin Freud und erklärte diese
Haltung mit der Hoffnung, durch Errichtung eines autoritären
Regimes den nationalsozialistischen Expansionsbestrebungen
entgegenwirken zu können.

1933 wurde in Österreich die Demokratie ausgeschaltet. Der
christlich-soziale Bundeskanzler Dollfuß, der im Parlament nur
über eine knappe Mehrheit von einer Stimme verfügte, nahm
Turbulenzen bei einer Parlamentsdebatte und den darauf folgenden Rücktritt der drei Parlamentspräsidenten zum Anlass,
das Parlament nicht mehr einzuberufen und mittels Notver-
ordnungen autoritär zu regieren. Kommunistische sowie natio-
nalsozialistische Betätigung und Propaganda wurden verboten.

95. Otto Bauer, 1927   96. Ida Bauer (1873–1945)

Auch die Sozialdemokratie sah sich und ihre Institutionen be-
droht – ein Generalstreik wurde erwogen. Als 1934 bei einer
Hausdurchsuchung im Linzer Arbeiterheim Munition gefunden
wurde, wehrten sich die dort versammelten Arbeiter. Mehr zufällig als geplant kam es in der Folge auch in Wien und anderen Industriestädten zu Arbeitsniederlegungen und Kämpfen
zwischen Sozialdemokraten und Polizei – kurz, zu bürgerkriegs-
ähnlichen Zuständen. Nach Niederschlagung des Aufstandes
wurde die Sozialdemokratische Partei und alle ihr nahe stehenden Vereinigungen verboten, bekannte Sozialdemokraten
und -demokratinnen wurden verhaftet oder mussten, wie der
damalige Parteiführer Otto Bauer, emigrieren. Bauer war nicht
nur einer der Theoretiker des Austromarxismus, sondern auch
der Bruder von Ida Bauer, einer Patientin Freuds, die ihre Analyse vorzeitig abgebrochen hatte. In die Geschichte der Psychoanalyse sollte sie als „Fall Dora" eingehen.[474]
    Im tschechischen Brünn baute Otto Bauer das Auslandsbüro
der österreichischen Sozialdemokratie auf. Es war die Schaltstelle in Hinblick auf die Versorgung von Bürgerkriegsopfern
und deren Angehörigen, aber auch in Hinblick auf die Produk-

tion und Verteilung der Arbeiterzeitung. In Österreich organisierten sich vor allem jüngere Genossen und Genossinnen in losen Gruppen, um illegale Versammlungen abzuhalten, Flugblätter zu verteilen und Anschläge zu verüben. Erst im Winter 1934/35 gelang es, die vielen kleinen illegalen Gruppen zu einer zentralen Parteiorganisation mit disziplinierten Kadern zu fusionieren. Die „Revolutionären Sozialisten" erklärten sich zur „Nachfolgerin und Erbin der Sozialdemokratischen Partei Österreichs, die jedoch mit revolutionären Mitteln kämpfen müsse."[475] Muriel Gardiner befand sich gerade bei Ruth Mack-Brunswick in Analyse, als die ersten Schüsse des Bürgerkrieges fielen. In den nächsten Tagen wurde sie Augenzeugin der blutigen Niederschlagung der Februarkämpfe und empfand „ein dringendes Bedürfnis nach Aktivität".[476] Über englische Kontaktpersonen kam sie in Berührung mit den im Untergrund arbeitenden Sozialdemokraten. Gardiner erhielt eine kurze Einführung in die Regeln des Untergrundkampfes und wurde als Botin für Geld und Informationen eingesetzt. „Nach einigen Jahrzehnten konspirativer Tätigkeit weiß ich, wie laienhaft wir uns damals verhalten haben und wie viel Glück ich hatte, daß ich um eine Verhaftung herumkam, die meinen späteren Weg hätte durchkreuzen können"[477], schrieb der im Dienst des Secret Service tätige, in den 1960er Jahren jedoch als KGB-Agent enttarnte Meisterspion Kim Philby über seine Lehrzeit im Wien der 1930er Jahre. Eines Sonntag nachmittags war Philby in der Wohnung von Muriel Gardiner erschienen und hatte ihr nach einer anregenden Unterhaltung ein Kuvert mit Geld und Materalen zur Weiterleitung anvertraut.[478]

Später stellte Muriel Gardiner ihr Landhaus in Sulz, das weitab von der Ortschaft lag, für illegale Zusammenkünfte, aber auch als Notquartier für verfolgte Sozialdemokratinnen zur Verfügung. Unter dem Decknamen „Wieser" lernte sie den sozialdemokratischen Parteifunktionär Josef Buttinger kennen und lieben, den sie dort aber auch in ihrem Wiener Studio versteckte. Buttinger war ab 1935 Vorsitzender der Revolutionären Sozialisten.

Neben ihrer Tätigkeit im Widerstand nahm Muriel Gardiner weiter Analysestunden bei Ruth Mack-Brunswick und widmete sich ihrem Medizinstudium, das sie im Frühsommer 1938 abschloss. Nach dem Einmarsch der Nationalsozialisten in Österreich – Joe Buttinger befand sich bereits in Paris – organisierte sie die Ausreise von gefährdeten Sozialdemokraten sowie Juden und Jüdinnen. Sie pendelte regelmäßig nach Brünn zu Otto Bauer, um Fotos und falsche Pässe, im Mieder versteckt, über die Grenze zu bringen. Gardiner verhalf nicht nur bekannten Sozialdemokratinnen zur Flucht, sondern besorgte auch ihrem alten Bekannten, dem „Wolfsmann", Ausreisepapiere.[479] Nach ihrer Promotion zum Dr. med. verließ sie am 18. Juni Österreich in Richtung Paris,[480] wo Joe Buttinger nach dem Tod von Otto Bauer Vorsitzender der auswärtigen Dienststelle der österreichischen Sozialisten war. Den Kriegsausbruch erlebte sie in Paris. Am 20. Oktober 1939 gelang es Gardiner und ihrer Familie, Europa zu verlassen.

Von den Vereinigten Staaten aus engagierte sie sich zusammen mit ihrem Mann Josef Buttinger in der Flüchtlingshilfe. Neben vielen anderen versuchte sie auch, dem späteren österreichischen Bundeskanzler Dr. Bruno Kreisky, der sich damals im schwedischen Exil befand, ein Einreisevisum in die USA zu besorgen, als die deutschen Truppen gegen Nord-Europa vorrückten.[481] Nach dem Zweiten Weltkrieg praktizierte sie als Psychiaterin und Analytikerin in den Vereinigten Staaten. Von hier aus finanzierte sie auch Anna Freuds Hampstead Nurseries in London mit und beteiligte sich an der Errichtung des dortigen Freud-Museums. Wie Appignanesi und Forrester meinen, hätte Gardiner ihren Platz in der Geschichte der Frauen um Sigmud Freud nicht so sehr wegen ihrer Verbindung zum lebenden Freud erhalten, sondern weil sie gemeinsam mit Anna Freud die Bewachung seines Schreins übernahm.[482] Gardiner starb am 6. Februar 1985. Als ihr fünf Jahre vor ihrem Tod die österreichische Regierung eine Auszeichnung verlieh, meinte sie: „Das erste Gerücht besagte, sie wäre ‚für Wissenschaft und Kunst', das zweite ‚für Forschung und Literatur', doch am Ende lautete die Inschrift auf dem Ledergehäuse, das das schöne Kreuz am rot-weiß-roten Band enthielt, ‚für Wissenschaft und Forschung'. Die Bezeichnung hatte wenig Bedeutung für mich. Ich wußte, es handelte sich um eine Anerkennung meines Engagements für die Freiheit."[483]

post scriptum

„Jenen von uns, die damals ebenso gezwungen waren in den frühen Morgenstunden schlaflos im Bett liegend das gefürchtete Klopfen der Gestapo an der Tür zu erwarten, erscheint es beinahe unvorstellbar, daß jemand feiwillig die gleichen Ängste auf sich nimmt […] jeder versteckte Sozialist oder Jude, der in Muriel Gardiners Wohnung gesucht und gefunden worden wäre, hätte das Ende, nicht nur für den Betroffenen, sondern auch für sie selbst bedeutet. Jede Fahrt zur Grenze in der Begleitung von Flüchtlingen oder mit deren Fotos im Gepäck, jede Rückreise, bei der sie falsche Pässe mitbrachte, hätte in einer Katastrophe enden können."[484]

Anna Freud im Vorwort zu Muriel Gardiners Autobiografie

Schauplatz 14

Urlaub von der Couch:
Anna Freud und Dorothy Burlingham

„Ich habe nie an die
analytische Omnipotenz geglaubt."[485]
Anna Freud

2384 Breitenfurt bei Wien,
Hochrotherd, Tiefer Graben 54

Um die Jahrhundertwende war es sowohl für den Adel als
auch für das gehobene Bürgertum üblich, Wien mit „Sack und
Pack" zu verlassen und, oft schon im Mai, zur Sommerfrische
hinaus aufs Land fahren. Es gehörte zum guten Ton, entweder
nach Bad Ischl in die Nähe des Kaisers oder auf den Semme-
ring in das Umfeld des Adels zu reisen, sich in einer der beste-
henden Villen einzumieten oder sich sogar selbst eine bauen
zu lassen. Auch für die Familie Freud bedeutete der Sommer
eine wichtige Unterbrechung vom Wiener Arbeitsalltag. Man
mietete regelmäßig Sommerhäuser mit Gärten, um in den grünen Außenbezirken der Großstadt oder den Alpen- und Seen-
regionen auszuspannen.

Anna Freud hingegen wählte eine spezifische Sommerresi-
denz, die über keinerlei repräsentatives oder symbolisches
Kapital verfügte. Es handelte sich um Hochrotherd, einen win-
zigen Ort inmitten des Wienerwaldes, etwa fünfundvierzig
Autominuten vom Stadtzentrum entfernt. Zu Anna Freuds Zeiten bestand Hochrotherd nur aus ein paar Bauernhäusern, verfügte jedoch über eine wunderbare Aussicht und schien direkt
unter den Wolken zu liegen. Das Grundstück im Wienerwald
umfasste zweieinhalb Hektar.[486] Das Haus, das Anna Freud
hier 1930 zusammen mit ihrer Freundin Dorothy Burlingham
erstand,[487] wurde für sie zum klassischen Wochenendhaus. Es

97. Hochrotherd, Ferienhaus von Anna Freud und Dorothy Burlingham, heute
ein Reiterhof

war ziemlich desolat übernommen worden und musste von
Annas Bruder Ernst, einem Architekten, erst renoviert wer-
den.[488] Ernst Freud, ein Bauhaus-Schüler, erhielt auch einen
Auftrag von Chaim Weizmann. Für diesen späteren ersten Prä-
sidenten Israels konzipierte er in Palästina ein Haus.[489] Nach
Fertigstellung der Renovierungsarbeiten konnten Anna Freud
und Dorothy Burlingham 1932 mit dem Einzug beginnen.[490]
Nun glich der Landsitz einer kleinen Farm. Es gab eine Kuh,
Hasen, Hühner und genügend Platz für Gemüseanbau.[491] Der
wirkliche Garten aber war die freie Natur. Er lag direkt vor der
Haustür und schien kein Ende zu nehmen. Er gehörte allen
und der Welt.

In „HRE" (HochRothErd),[492] wie Anna Freud ihr neues Idyll
nannte, baute sie nicht nur Gemüse an. Hier schuf sie auch die
Basis für ein eigenes Leben, das sie bis zu ihrem Tode mit
Dorothy Burlingham verbringen sollte. In räumlicher Distanz
zur Berggasse übte sich die bereits 37-Jährige nun auch ihrem
Vater gegenüber in, wenn auch bescheidener, Autonomie. In
Hochrotherd erwachten in Anna Freud Gefühle, die sie bis-
lang, wie sie schrieb, nur aus der Literatur gekannt hatte.[493]

98. Anna Freud und Dorothy Burlingham, um 1930

Dies erscheint in Anbetracht ihres täglichen Arbeitspensums
in der Stadt kaum verwunderlich. Ein Tagesplan von 1930
zeigt, dass sie von 8 Uhr morgens bis 7 Uhr abends mit nur
einer Stunde Pause ununterbrochen Analysen durchführte.[494]
Das Wochenendhaus in Hochrotherd war daher mehr als
nur ein Landsitz. Für Anna Freud beinhaltete es ein Lebens-
konzept, das neben jenem des übermächtigen Vaters seinen
Platz zu behaupten suchte. Dorothy Burlingham spielte dabei
eine zentrale Rolle. Ab dem gemeinsamen Einzug in das Wochenendhaus fungierte sie für Anna als emotionaler Bezugs-
punkt, als Arbeitspartnerin und auch als permanente Mitbe-
wohnerin in den zukünftigen Wohnsitzen. Auf diese Weise
erweiterte Anna Freud das Konzept der bürgerlichen patriarchalen Familie um eine soziale Familie, deren Basis eine weibliche Lebens- und Arbeitsgemeinschaft war.

Zur Lebensgeschichte: Anna Freud wurde im November
1895 als sechstes und letztes Kind von Sigmund und Martha
Freud geboren. Die finanzielle Situation der achtköpfigen Familie war zu diesem Zeitpunkt noch immer prekär. Die Mutter
war von sechs Schwangerschaften in neun Jahren erschöpft

175

und müde. Der Vater litt vor der Geburt der Jüngsten oft an Depressionen, Herzbeschwerden und Todesgedanken.[495] Zudem belastete ihn der medizinische Kunstfehler seines Freundes Wilhelm Fließ, der 1895 Emma Eckstein, einer seiner Patientinnen, beinahe das Leben gekostet hätte. Gleichzeitig arbeitete Sigmund Freud an der Herausgabe seiner „Studien über Hysterie".[496] Anna Freud kam also während einer für beide Elternteile schwierigen Lebensphase, gleichsam als menschliches Pendant zum ersten großen „geistigen Kind" des Vaters, zur Welt. Als metaphorischer Zwilling zur Psychoanalyse wetteiferte sie lange Zeit mit dieser, bis sie schließlich im Alter von dreißig Jahren mit ihr verschmolz.[497] So wurde die oft lebendige und „unartige" Tagträumerin, wie der Vater sie nannte, zwar zu seinem Liebling, doch ein Besuch des Gymnasiums und das gewünschte Medizinstudium blieben ihr verwehrt. Sie war schließlich „nur ein Mädchen" und in dieser Frage war Sigmund Freud konsequent konservativ.[498] Die Tochter absolvierte eine Ausbildung zur Lehrerin und bildete sich autodidakt weiter. Bei den Mittwoch-Gesellschaften des Vaters durfte sie immerhin auf der Bibliothekstreppe sitzen und der erlauchten Männerrunde lauschen.[499]

Anna Freud war wie ihr Vater eine sehr disziplinierte Person. Während des Ersten Weltkriegs, als sich Mutter, Tante und Haushälterin vor dem brennenden Ofen zu wärmen suchten, arbeitete sie wie der „Herr Professor" im Arbeitszimmer an ihren Schriften. Die Infektion, die sie sich in jener Zeit zuzog, kurierte sie in Sulz im Wienerwald, nahe Hochrotherd, wieder aus. Dies muss wohl auch der Zeitpunkt gewesen sein, als sie diesen kleinen Flecken Erde mit seiner großartigen Natur zum ersten Mal kennen lernte und zu schätzen begann. Nach ihrer Genesung gab sie ihren Beruf als Lehrerin auf und konzentrierte sich ausschließlich auf die Psychoanalyse.[500] Ab dem Jahr 1918 begann der eigene Vater die Analyse der Tochter, sechs Tage pro Woche, meist nach 10 Uhr abends.[501] Zusätzlich hospitierte Anna Freud an der Wiener Psychiatrischen Klinik und besuchte regelmäßig die Sitzungen der Wiener Psycho-

99. Anna Freud im Garten von Hochrotherd, ca. 1934

analytischen Gesellschaft.[502] Im Jahr 1920 erhielt sie von Freud
den so genannten „Komitee-Ring" verliehen.[503] Es war ein sym-
bolischer Akt, der den innersten Kreis, einen langjährigen
Männerbund, nochmals weiblich erweiterte und seine Exklu-
sivität auch Frauen zugänglich machte. In der Folge sollten
noch Lou Andreas-Salomé und Marie Bonaparte dieses Zeichen der Ehre erhalten. Überhaupt baute Sigmund Freud sein
Imperium in den 1920er-Jahren – infolge zahlreicher Enttäu-
schungen über seine abtrünnigen „Kronprinzen" – zunehmend
auf Frauen.

Für die Tochter war mit der Ringübergabe die Zukunft be-
siegelt. Sie blieb zeitlebens unverheiratet, ihre Treue galt dem
Vater und ihr Engagement der Psychoanalyse. Zum inhalt-
lichen Schwerpunkt wählte sie jedoch einen eigenen Weg: die
Kinderpsychoanalyse. Anna Freud war nicht nur in den Aus-

einandersetzungen mit Kollegen wie Ernest Jones, Sándor Ferenczi oder Otto Rank die wichtigste Verfechterin der Ideen ihres Vaters. Sie war seine engste Vertraute, seine Sekretärin und
seine Krankenschwester. Als Sigmund Freud, der seit 1923 an
Krebs litt, nach zahlreichen Operationen in der Mundhöhle
eine Prothese tragen musste, war es Anna, die diese am Morgen einsetzte und gegebenenfalls neu arrangierte.[504] Da der
„Herr Professor" durch die Prothese zudem mit Sprachschwierigkeiten zu kämpfen hatte, wurde die Tochter in öffentlichen
Belangen oft zu seinem Sprachrohr erkoren.[505] In den 1920er-
und 1930er-Jahren war Anna Freud die zentrale persönliche,
körperliche und geistige Stütze des Begründers der Psychoanalyse. An ihrer Person manifestiert sich die Funktionalisierung
weiblicher Arbeit durch männliche Herrschaft und die Unter-
ordnung unter ein patriarchales Theoriegebäude. Symbolische
Ehre erhielt sie durch ihre Funktion als Nachlassverwalterin
und wichtigste Hüterin des geistigen Erbes Sigmund Freuds.
Die „Firma" Freud wurde von einer Frau und nicht von einem
Kronprinzen übernommen. Anna war die loyale und asketi-
sche Erbin ihres Vaters, wobei sie gleichsam als Preis für das
Erbe ihre Sexualität opferte. Der Gewinn war ihre berufliche
Selbstständigkeit, allerdings ebenfalls im „Namen des Vaters".

Mit dem Kauf des Wochenendhauses in Hochrotherd im
Jahre 1930 legte Anna Freud – zusammen mit einer Frau –
den Grundstein für ein eigenes Leben. Dorothy Burlingham
schien die geeignete Freundin und Partnerin für dieses Experiment. Sie war die reiche Tochter des amerikanischen Innen-
architekten und Glasmillionärs Louis Comfort Tiffany, die im
Jahr 1925 nach Wien übersiedelte. Ihren manisch-depressiven
Ehemann ließ sie zurück; er sollte 1938 Selbstmord begehen.[506]
Dorothy Burlingham hatte in Amerika von Sigmund Freud gehört und suchte bei ihm Hilfe für ihre Kinder. Es war jedoch
Anna Freud, die zu deren Therapeutin und zweiten Mutter
wurde. Die Beziehung der beiden Frauen war bald so eng, dass
Dorothy Burlingham in der Berggasse 19 eine Wohnung über
jener der Familie Freud bezog. Im Jahr 1927 begann sie selbst

100. Dorothy
Burlingham, ca.
1940

eine Therapie bei Vater Freud; die Analyse sollte insgesamt
zwölf Jahre dauern und erst mit dem Tod des „Meisters" enden.[507]

Die Wochenenden, die Anna Freud zusammen mit Dorothy
Burlingham und deren Kindern sowie zahlreichen Verwandten und Bekannten in der Weite der Natur in Hochrotherd verbrachte, glichen einem Leben am Bauernhof. Die Kuh gab gute
Milch und wurde von einer Nachbarin betreut. Anna konnte
auf ihrem kleinen Gut gärtnern, frisches Gemüse ernten, weite
Spaziergänge unternehmen und Picknicks veranstalten.[508]

Die Kreise um Anna Freud erweiterten und vertieften sich
in den 1920er-Jahren. Die sozialdemokratische Führung Wiens
war bis zum Bürgerkrieg im Jahre 1934 und dem anschließenden Austrofaschismus in der Finanz-, Schul- und Fürsorgepoli-
tik sowie in der architektonischen Neugestaltung der Stadt in
Form von Gemeindebauten tonangebend. Vor allem der
sozialdemokratische Finanzstadtrat Hugo Breitner (1873–1946)
war sowohl der Psychoanalyse als auch ihrer Abspaltung, der
Individualpsychologie, gegenüber denkbar aufgeschlossen. Er
war es auch, der gemeinsam mit seinem Gesinnungsgenossen,
dem Schulinspektor Anton Tesarek und mit Anna Freud eine
vierteilige Fortbildungsvortragsreihe über Psychoanalyse für
die Angestellten der Städtischen Horte organisierte.[509]

179

Die Psychoanalyse, insbesondere die Kinderpsychologie, die Individualpsychologie und die psychologische Schule um Karl und Charlotte Bühler wurden für die Reformpolitik der Sozialdemokratie in den 1920er-Jahren ein wichtiges Instrumentarium zur Verbesserung der Lebensverhältnisse der Wiener Bevölkerung. Die unterschiedlichen Richtungen fanden vor allem Eingang in die Schulreform und das Fürsorgewesen. Zugleich war es genau dieses Milieu der politischen Ausrichtung, das einerseits neue Experimente ermöglichte und andererseits deren Proponenten und Proponentinnen förderte. Obwohl Sigmund und Anna Freud keine deklarierten Anhänger der Sozialdemokratie waren, wurde ihnen von dieser Seite immer wieder Wertschätzung zuteil.

Mit dem Bürgerkrieg des Jahres 1934 war die Phase der Reformpolitik radikal beendet. Anna und Sigmund Freud versuchten, ihre Ideen und ihre Schule nicht zu gefährden. Noch im Jahre 1937 hatte Anna Freud die Idee, eine psychoanalytische Kinderkrippe ins Leben zu rufen. Wie so oft in ihrem Leben war die Realisierung zwei Freundinnen zuzuschreiben: Dorothy Burlingham und Dr. Edith Jackson. Letztere, eine Tochter aus reichem amerikanischem Haus[510] und Analysepatientin Sigmund Freuds, war von Anna Freud am Wiener Institut für Kinderanalyse ausgebildet worden und bot ihr Geld zur Errichtung einer Kinderkrippe an.[511] Den drei Frauen gelang es, ihr pädagogisches Konzept umzusetzen und die „Jackson-Kinderkrippe" am Rudolfsplatz zu eröffnen.[512] Die ärztliche Betreuung übernahm Josephine Stross, die die Familie Freud 1938 in die Emigration begleiten sollte. Die Philosophie der „Jackson-Kinderkrippe", welche dem Nationalsozialismus zum Opfer fiel, wurde in Anna Freuds Londoner Gründung – der Hampstead Nursery – übernommen und übte nach dem Zweiten Weltkrieg auf die Wohlfahrtspolitik, Sozialarbeit und Kinderheilkunde in Großbritannien und den Vereinigten Staaten prägenden Einfluss aus.[513]

Derartige Experimente fanden 1938 ein jähes Ende. Als Anna Freud nach dem Einmarsch der Nationalsozialisten von

101. Anna Freud in London

der Gestapo zu einem Verhör abgeholt wurde, entschloss sich die Familie endgültig zur Flucht – welche wiederum mit Hilfe von Frauen realisiert werden konnte. Marie Bonaparte und Margaret Stonborough-Wittgenstein zogen durch ihre diplomatischen Beziehungen die Fäden; die Prinzessin stellte zudem die finanziellen Mittel zur Verfügung.[514] Dorothy Burlingham veranlasste die Ausfuhr der bunt bemalten Holzmöbel von Hochrotherd nach Amerika. Die Einrichtung der „Jackson-Kinderkrippe" wurde mit Hilfe Marie Bonapartes nach England geschickt und diente der Hampstead War Nursery als Ausstattung.[515] Als Sigmund Freud, der Vater der Psychoanalyse, im Jahr 1939 sein Ende nahen sah, übertrug er seiner Tochter Anna die Entscheidung über die zu wählende Dosis Morphium.[516] Sigmund Freud verließ die Welt in friedlichem Schlaf; seiner Tochter Anna war es vorbehalten, sein Erbe gemeinsam mit Dorothy Burlingham bis zu ihrem Tod im Jahr 1982 in die Zukunft zu führen.

post scriptum
Heute befindet sich in Anna Freuds Sommerdomizil ein Reiterhof.

„In den Hampstead Nurseries (wie in anderen, ähnlichen Institutionen) schien es aus einer Reihe von Überlegungen ratsam, die großen Kindergartengruppen von gleichaltrigen Kindern in kleine Gruppen von drei, vier oder höchstens fünf Kindern aufzuteilen und für die Bedürfnisse der Körperpflege, Fürsorge etc. je einer jungen Erzieherin zu übergeben. Wo immer das geschieht, geht mit den Kindern eine schnelle Veränderung vor sich; ihre Gruppenreaktionen verschwinden und ersetzen sich durch die in ihrer Familiensituation natürlichen Gefühlseinstellungen. Die Kinder schließen sich schnell und leidenschaftlich an die Pflegemutter an, stellen große Ansprüche an sie, zeigen sich aber gleichzeitig auch bereit, sich von ihr beeinflussen zu lassen und sich ihr zuliebe Einschränkungen aufzuerlegen. Bestimmte Fortschritte, die sich im Gruppenleben nur mühsam herstellen lassen, wie z. B. Reinlichkeitsgewöhnung, vollziehen sich unter den neuen Bedingungen mit größerer Leichtigkeit."[517]
Anna Freud und Dorothy Burlingham

post-post scriptum (Schlusswort)

„Drs. Adler:
    He's oversexed!
Drs. Jung:
    He's undersexed!
Drs. Freud:
    He hasn't any sex at all!"

Aus dem Musical von George und Ira Gershwin, Pardon My English, Adlers, Jungs & Freuds: „The Viennese Sextet", 1933[518]

Anmerkungen

1 Sigmund Freud, Briefe an Wilhelm Fließ 1887–1904. Frankfurt 1986, S. 437, zit. in: Gay, Peter, Freud. Eine Biographie für unsere Zeit, Frankfurt/Main, 1989, S. 2.
2 Bernhard, Marianne, Zeitenwende im Kaiserreich. Die Wiener Ringstraße. Architektur und Gesellschaft 1858–1906, München 1992, S. 36.
3 Chorherr, Thomas, Wien. Eine kurze Geschichte der Stadt, Wien 2004, S. 68.
4 Schwendter, Rolf, Armut und Kultur der Wiener Jahrhundertwende. In: Nautz, Jürgen/Vahrenkamp, Richard (Hrsg.), Die Wiener Jahrhundertwende, Wien 1993, S. 677–693. S. 678.
5 Ebenda S. 685.
6 Ebenda S. 690.
7 Dr. Karl Lueger (1844–1910) war von 1897–1910 Wiener Bürgermeister.
8 Vgl. Hamann, Brigitte, Hitlers Wien. Lehrjahre eines Diktators, Wien 1998.
9 Vgl. Freud, Sigmund, Zur Psychotherapie der Hysterie, in: Josef Breuer/ Sigmund Freud, Studien über Hysterie, Leipzig/Wien 1909, S. 222–269.
10 Gay, Peter, Freud. Eine Biographie für unsere Zeit, a.a.O., S. 437.
11 Vgl. Gulick, Charles A., Österreich von Habsburg zu Hitler, Wien 1976.
12 Freud, Sigmund, Zur Geschichte der Psychoanalytischen Bewegung (1914), in: G.W. X, Frankfurt/Main 1999, S. 43–113, S. 63.
13 Gay, Peter, Freud. Eine Biographie für unsere Zeit, a.a.O., S. 196.
14 Zit. in: Handlbauer, Bernhard, Gespräch über das Rauchen. Werkblatt. Zeitschrift für Psychoanalyse und Gesellschaftskritik, Nr. 20/21, 1989, S. 63–71.
15 Freud, Sigmund, Die Traumdeutung (1900), in: G.W. II/III, Frankfurt/ Main 1999.
16 Freud, Sigmund, Zur Psychopathologie des Alltagslebens. Über Vergessen, Versprechen, Vergreifen, Aberglaube und Irrtum (1901), in: G.W. IV, Frankfurt/Main 1999.
17 Freud, Sigmund, Bruchstücke einer Hysterie-Analyse (1905b), in: G.W. V, Frankfurt/Main 1999, S. 161–286.
18 Freud, Sigmund, Der Witz und seine Beziehung zum Unbewussten (1905c), in: G.W. VI, Frankfurt/Main 1999.
19 Freud, Sigmund, Drei Abhandlungen zur Sexualtheorie (1905a), in: G.W. V, S. 27–145.
20 Freud, Sigmund, Das Ich und das Es (1923), in: G.W. XIII, Frankfurt/Main 1999, S. 235–289.
21 Freud, Sigmund, Die Frage der Laienanalyse. Unterredung mit einem Unparteiischen (1926), in: G.W. XIV, Frankfurt/Main 1999, S. 206–286. S. 227.
22 Freud, Sigmund, Drei Abhandlungen zur Sexualtheorie (1905a), a.a.O., S. 67.
23 Freud, Sigmund, Die Frage der Laienanalyse. Unterredung mit einem Unparteiischen (1926), a.a.O., S. 230.

Anmerkungen

24 Freud, Sigmund, Vorlesungen zur Einführung in die Psychoanalyse (1916/17), G. W. IX, Frankfurt/Main 1999, S. 295.

25 Freud, Sigmund, Nachschrift zur „Selbstdarstellung" (1935), in: G.W. XVI, S. 28–34.

26 Adorno, Theodor W., Minima Moralia. Reflexionen aus dem beschädigten Leben, in: ders., Gesammelte Schriften, 1944–1947, Band 4, Frankfurt/Main 1980, S. 54.

27 Handlbauer, Bernhard, Gespräch über das Rauchen. Werkblatt. Zeitschrift für Psychoanalyse und Gesellschaftskritik, Nr. 20/21, 1989, S. 63–71.

28 Das „geistreiche Mädchen" war Anna von Lieben. Vgl. Lieben, Anna von, Gedichte. Ihren Freunden zur Erinnerung, Wien 1901, S. 90.

29 Sigmund Freud an Martha Bernays 19. Juni 1884, zit. in: Freud, Ernst (Hrsg.), Brautbriefe. Briefe an Martha Bernays aus den Jahren 1882–1886, Frankfurt/Main, 1971, S. 76.

30 Jones, Ernest, Das Leben und Werk von Sigmund Freud, Bern/Stuttgart 1960, Bd. I, S. 185.

31 Ebenda S. 185.

32 Vgl. Markus, Georg, Sigmund Freud und das Geheimnis der Seele, Frankfurt/Main 1991, S. 109 und S. 112.

33 Jones, Ernest, Das Leben und Werk von Sigmund Freud, a.a.O., Bd. I, S. 186.

34 Young-Bruehl, Elisabeth, Anna Freud. Eine Biographie, Wien 1988, S. 39.

35 Berthelsen, Detlef, Alltag bei Familie Freud. Die Erinnerungen der Paula Fichtl, München 1989, S. 23.

36 Jones, Ernest, Das Leben und Werk von Sigmund Freud, a.a.O., Bd. I, S. 17ff.

37 Lohmann, Hans-Martin, Sigmund Freud, Reinbek bei Hamburg 2002, S. 8.

38 Gay, Peter, Freud. Eine Biographie für unsere Zeit, a.a.O., S. 23.

39 Sigmund Freud an Martha Bernays 29. August November 1883, zit. in: Freud, Ernst (Hrsg.), Brautbriefe, a.a.O., S. 39.

40 Theweleit, Klaus, Objektwahl. (All you need is love ...) Über Paarbildungsstrategien & Bruchstück einer Freudbiographie, Frankfurt/Main 1990, S. 69ff.

41 Vgl. Freud, Ernst (Hrsg.), Brautbriefe, a.a.O., 1971.

42 Sigmund Freud an Martha Bernays 15. November 1883, zit. in: Freud, Ernst (Hrsg.), Brautbriefe, a.a.O., S. 57.

43 Berthelsen, Detlef, Alltag bei Familie Freud, a.a.O., S. 45.

44 Ebenda S. 35.

45 Freud, Martin, Sigmund Freud: Man and Father (1958), S. 33. zit. in: Gay, Peter, Freud. Eine Biographie für unsere Zeit, a.a.O., S. 195.

46 Berthelsen, Detlef, Alltag bei Familie Freud, a.a.O., S. 35.

47 Ebenda S. 35.

48 Behlinger-Fischer, Katja, Zu Tisch bei Sigmund Freud. Lebensweise, Gastlichkeit und Essgewohnheiten des Gründers der Psychoanalyse. Mit vielen Rezepten. Wien 2000, S. 58.

49 Jones, Ernest, Das Leben und Werk von Sigmund Freud, Bern/Stuttgart 1962, Bd. II, S. 459.
50 Ebenda S. 459.
51 Jones, Ernest, Das Leben und Werk von Sigmund Freud, a.a.O., Bd. I, S. 205ff.
52 Ebenda S. 108f.
53 Gay, Peter, Freud. Eine Biographie für unsere Zeit, a.a.O., S. 266.
54 Ebenda S. 187f.
55 Berthelsen, Detlef, Alltag bei Familie Freud, a.a.O., S. 59.
56 Gay, Peter, Freud. Eine Biographie für unsere Zeit, a.a.O., S. 191.
57 Ebenda S. 197.
58 Gardiner, Muriel, (Hrsg.), Der Wolfsmann vom Wolfsmann, Frankfurt/Main 1982, S. 174.
59 Berthelsen, Detlef, Alltag bei Familie Freud, a.a.O., S. 44.
60 Gay, Peter, Freud. Eine Biographie, a.a.O., S. 197.
61 Berthelsen, Detlef, Alltag bei Familie Freud, a.a.O., S. 29.
62 Ebenda S. 22.
63 Ebenda S. 27.
64 Gay, Peter, Freud. Eine Biographie, a.a.O., S. 436f.
65 Gay, Peter, Freud. Eine Biographie, a.a.O., S. 437.
66 Bittner, Günther/Heller, Peter (Hrsg.), Eine Kinderanalyse bei Anna Freud (1929–1932), Würzburg 1983, S. 7f.
67 Berthelsen, Detlef, Alltag bei Familie Freud, a.a.O., S. 44.
68 Markus, Georg, Sigmund Freud und das Geheimnis der Seele, a.a.O., S. 336fff.
69 Sigmund Freud an Martha Bernays 28. April November 1885, zit. in: Freud, Ernst (Hrsg.), Brautbriefe, a.a.O., S. 84.
70 Sigmund Freud an Martha Bernays, 21. April 1884, in: Sigmund Freud. Briefe 1873–1939, ausgewählt und herausgegeben von Ernst und Lucie Freud, 2., erw. Auflage, Frankfurt/M. 1968, S. 114.
71 Zu den Planungen und zur Geschichte des Umbaus vgl. Ebenbauer, Alfred/Greisenegger, Wolfgang/Mühlberger, Kurt (Hrsg.), Architektur als Transformation. Universitätscampus Wien, Bd. 2, Wien 1998.
72 Zur Zeit ist dort das Pathologisch-Anatomische Bundesmuseum untergebracht.
73 Zur Geschichte des Alten Allgemeinen Krankenhauses vgl. Ebenbauer, Alfred/Greisenegger, Wolfgang/Mühlberger, Kurt (Hrsg.), Historie und Geist. Universitätscampus Wien, Bd. 1, Wien 1998.
74 Zweig, Stefan, Die Welt von Gestern. Erinnerungen eines Europäers, Frankfurt/M. 1975, S. 21.
75 Vgl. Hirschmüller, Albrecht, Freuds Begegnung mit der Psychiatrie. Von der Hirnmythologie zur Neurosenlehre, Tübingen 1991, S. 118.
76 Heinrich von Ferstel (1828–1883). Bauten und Projekte für Wien, 81. Sonderausstellung des Historischen Museums der Stadt Wien, Hermesvilla, Lainzer Tiergarten, 26. März 1983 bis 18. März 1984, Ausstellungskatalog zusammengestellt von Renata Kassal-Mikula.
77 Jones, Ernest, Das Leben und Werk von Sigmund Freud, Bd. I, a.a.O., S. 83.

Anmerkungen

78 Kann, Robert A. (Hrsg.), Theodor Gomperz. Ein Gelehrtenleben im Bürgertum der Franz-Josefs-Zeit, Auswahl seiner Briefe und Aufzeichnungen 1869–1912, erläutert und zu einer Darstellung seines Lebens verknüpft von Heinrich Gomperz, Wien 1974, S. 43f., vgl. Fußnote 6.

79 Schnitzler, Arthur, Jugend in Wien. Eine Autobiographie, hrsg. von Schnitzler, Heinrich/Nickl, Therese. Mit einem Nachwort von Friedrich Torberg, Frankfurt/Main 1988, S. 260.

80 Hirschmüller, Albrecht, Freuds Begegnung mit der Psychiatrie, a.a.O., S. 224.

81 Jones, Ernest, Das Leben und Werk von Sigmund Freud, Bd. I, a.a.O, S. 89.

82 Sigmund Freud an Martha Bernays, 14. Febr. 1884, in: Sigmund Freud. Briefe 1873–1939, a.a.O., S. 106.

83 Sigmund Freud an Martha Bernays, 21. April 1884, in: Sigmund Freud. Briefe 1873–1939, a.a.O., S. 114.

84 Ebenda S. 114.

85 Freud, Sigmund, Über Coca (1884), in: Sigmund Freud, Schriften über Kokain, hrsg. und eingeleitet von Albrecht Hirschmüller, Frankfurt/M., 1996, S. 62.

86 Jones, Ernest, Das Leben und Werk von Sigmund Freud, Bd. I, a.a.O., S. 105.

87 Vgl. Hirschmüller, Albrecht, Einleitung, in: Sigmund Freud, Schriften über Kokain, a.a.O., S. 9–40.

88 Ebenda S. 35.

89 Sigmund Freud an Martha Bernays, 17. Mai 1885, in: Sigmund Freud. Briefe 1873–1939, a.a.O., S. 149.

90 Vgl. Briefe an Martha Bernays vom 18. Jänner 1886, vom 20. Jänner 1886 und vom 2. Februar 1886, in: Sigmund Freud. Briefe 1873–1939, a.a.O., S. 199–210.

91 Vgl. Hirschmüller, Albrecht, Einleitung, in: Sigmund Freund, Schriften über Kokain, hrsg. und eingeleitet von Albrecht Hirschmüller, a.a.O., S. 20.

92 Habilitationsgesuch vom 21. Jänner 1885, in: Gicklhorn, Josef/Gicklhorn, Renée, Sigmund Freuds akademische Laufbahn im Lichte der Dokumente, Wien/Innsbruck 1960, S. 64.

93 Eine genaue Auflistung von Lehrveranstaltungsthemen sowie Hörer- und Hörerinnenstatistiken finden sich in Gicklhorn, Josef/Gicklhorn, Renée, Sigmund Freuds akademische Laufbahn im Lichte der Dokumente, a.a.O., S. 147–191.

94 Ebenda S. 177.

95 Gicklhorn, Josef/Gicklhorn, Renée, Freuds akademische Laufbahn im Lichte der Dokumente, a.a.O., Dokument 16, S. 88.

96 Wagner-Jauregg, Julius, Lebenserinnerungen, herausgegeben und ergänzt von L. Schönbauer und M. Jantsch, Wien 1950, S. 72.

97 Maria Theresienstraße 8, heute befindet sich dort ein Neubau.

98 Appignanesi, Lisa/Forrester, John, Die Frauen Sigmund Freuds, München 1996, S. 235.

99   Wagner-Jauregg, Julius, Lebenserinnerungen, herausgegeben und ergänzt von L. Schönbauer und M. Jantsch, a.a.O., S. 72.
100 Ebenda S. 72.
101 Theodor Gomperz an seine Braut, Brief vom 9. Juli 1869, in: Kann, Robert, A. (Hrsg.), Theodor Gomperz. Ein Gelehrtenleben im Bürgertum der Franz-Josefs-Zeit, a.a.O., S. 54.
102 Theodor Gomperz an seine Braut, Brief vom 11. Juli 1869, in: Kann, Robert A. (Hrsg.), Theodor Gomperz. Ein Gelehrtenleben im Bürgertum der Franz-Josefs-Zeit, a.a.O., S. 55.
103 Ebenda S. 55.
104 Theodor Gomperz an seine Frau, Brief vom 8. Juli 1875, in: Kann, Robert A. (Hrsg.), Theodor Gomperz. Ein Gelehrtenleben im Bürgertum der Franz-Josefs-Zeit, a.a.O., S. 80ff.
105 Theodor Gomperz in seinem Testament vom 22. März 1887, in: Kann, Robert A. (Hrsg.), Theodor Gomperz. Ein Gelehrtenleben im Bürgertum der Franz-Josef-Zeit, a.a.O., S. 172.
106 Holzapfel-Gomperz, Bettina, Reisnerstraße 13. Meine Jugend im Wien der Jahrhundertwende, aus dem Nachlass hrsg. von Monika Meyer-Holzapfel und Cedric Hausherr, Wien/München 1980, S. 13.
107 Ebenda S. 14.
108 Theodor Gomperz an seinen Sohn Heinrich, Brief vom 23. Oktober 1892, in: Kann, Robert A. (Hrsg.), Theodor Gomperz. Ein Gelehrtenleben im Bürgertum der Franz-Josefs-Zeit, a.a.O., S. 234.
109 Theodor Gomperz an seine Frau, Brief vom 8. Jänner 1893, in: Kann, Robert A. (Hrsg.), Theodor Gomperz. Ein Gelehrtenleben im Bürgertum der Franz-Josefs-Zeit, a.a.O., S. 235.
110 Vgl. Gicklhorn, Josef/Gicklhorn, Renée, Sigmund Freuds akademische Laufbahn im Lichte der Dokumente, a.a.O., S. 23–39.
111 Originaldokument in Gicklhorn, Josef/Gicklhorn, Renée, Sigmund Freuds akademische Laufbahn im Lichte der Dokumente, a.a.O., S. 105.
112 Freud an Fließ, Brief vom 11. März 1902, in: Sigmund Freud. Briefe 1873–1939, a.a.O., S. 259.
113 Vgl. die Briefe Freuds an Elise Gomperz vom 25. November 1901 und vom 8. Dezember 1901, in: Sigmund Freud. Briefe 1873–1939, a.a.O., S. 256–258.
114 Freud an Fließ, Brief vom 11. März 1902, in: Sigmund Freud. Briefe 1873–1939, a.a.O., S. 260.
115 Gicklhorn, Josef/Gicklhorn, Renée, Sigmund Freuds akademische Laufbahn im Lichte der Dokumente, a.a.O., Tafel II.
116 Wien, 9. Bezirk, Gussenbauergasse 5–7. Vgl. http://www.woem.gv.at/ma53/45kajre/1949/0249.html, Abfrage vom 30.05.2005, 16:48 Uhr.
117 Auskunft der Magistratsabteilung 8 – Wiener Stadt- und Landesarchiv vom 31. Mai. 2005.
118 Freud-Tor, Spitalgasse Mitte.
119 Freud an Fließ, Brief vom 11. März 1902, in: Sigmund Freud. Briefe 1873–1939, a.a.O. S. 260.
120 Hug-Hellmuth, Hermine, Aus dem Seelenleben des Kindes. Eine psycho-

analytische Studie, in: XV. Heft der Schriften zur angewandten Seelenkunde. Hrsg. v. S. Freud, Wien 1913, S. 151.

121 Geheimnisvoller Mord in der Lustkandlgasse, in: Illustrierte Kronen-Zeitung, 10.9.1924, S. 4.

122 Stephan, Inge, Die Gründerinnen der Psychoanalyse: Eine Entmythologisierung Freuds in zwölf Frauenporträts, Stuttgart 1992, S. 105.

123 Hug-Hellmuth hatte seit 1914 in der Lustkandlgasse gewohnt, vgl. Meldezettel, Wiener Stadt- und Landesarchiv.

124 Stephan, Inge, Die Gründerinnen der Psychoanalyse, a.a.O., S. 106.

125 Graf-Nold, Angela, Der Fall Hermine Hug-Hellmuth. Eine Geschichte der frühen Kinder-Psychoanalyse, München/Wien 1988, S. 37f.

126 Ebenda S. 284.

127 Stephan, Inge, Die Gründerinnen der Psychoanalyse, a.a.O., S. 109.

128 Zit. in: Kulessa, Hanne, Nachwort, in: dieselbe (Hrsg.), Tagebuch eines halbwüchsigen Mädchens, Frankfurt/Main, 1987, S. 245.

129 Hoffmann-Richter, Ulrike, Hug-Hellmuth, Hermine, geb. Hug, Edle von Hugenstein. In: Wissenschafterinnen in und aus Österreich. Leben – Werk – Wirken. Herausgegeben von Brigitta Keintzel und Ilse Korotin, Wien 2002, S. 322–324, S. 322.

130 Graf-Nold, Angela, Der Fall Hermine Hug-Hellmuth, a.a.O., S. 12.

131 Ebenda S. 242.

132 Ebenda S. 15.

133 Mayreder, Rosa, Die Krise der Väterlichkeit, Graz 1963, S. 40f.

134 Hoffmann-Richter, Ulrike, Hug-Hellmuth, Hermine, geb. Hug, Edle von Hugenstein. In: Wissenschafterinnen in und aus Österreich, a.a.O., S. 322.

135 Ebenda S. 322f.

136 Graf-Nold, Angela, Der Fall Hermine Hug-Hellmuth, a.a.O., S. 47.

137 Kulessa, Hanne, Nachwort, in: dieselbe (Hrsg.), Tagebuch eines halbwüchsigen Mädchens, a.a.O., S. 233.

138 Tichy, Marina/Zwettler-Otte, Sylvia, Freud in der Presse. Rezeption Sigmund Freuds und der Psychoanalyse in Österreich 1895–1938, Wien 1999, S. 156.

139 Kulessa, Hanne, Nachwort, in: dieselbe (Hrsg.), Tagebuch eines halbwüchsigen Mädchens, a.a.O., S. 233.

140 Graf-Nold, Angela, Der Fall Hermine Hug-Hellmuth, a.a.O., S. 237.

141 Ebenda S. 347.

142 Ebenda S. 325.

143 Kulessa, Hanne, Nachwort, in: dieselbe (Hrsg.), Tagebuch eines halbwüchsigen Mädchens, a.a.O., S. 230.

144 Reichspost, 11. September 1924, Nr. 251.

145 Testament von Hermine Hug-Hellmuth, 6.8.1924, Wiener Stadt- und Landesarchiv, VV 184/25.

146 Graf-Nold, Angela, Der Fall Hermine Hug-Hellmuth, a.a.O., S. 263.

147 Stephan, Inge, Die Gründerinnen der Psychoanalyse, a.a.O., S. 127.

148 Graf-Nold, Angela, Der Fall Hermine Hug-Hellmuth, a.a.O., S. 326.

149 Ebenda S. XII.

150 Wolf, Alfred, Alsergrund, Bezirk der Dichter und Denker, Korneuburg 1993, S. 54.
151 Fritz, Wolfgang, Der Kopf des Asiaten Breitner. Politik und Ökonomie im Roten Wien, Wien 2000, S. 208.
152 Ebenda S. 209.
153 Vgl. dazu Kapitel 7.
154 Jones, Ernest, Das Leben und Werk von Sigmund Freud, Bd. II, a.a.O., S. 36f.
155 Ein aufrechter Deutscher, in: Falter Stadtzeitung Wien, 14.1.2004.
156 Rassentheoretiker und Ehrenbürger, in: Der Standard, Album, 31.1.2004.
157 Ein aufrechter Deutscher, in: Falter Stadtzeitung Wien, 14.1.2004.
158 Sigmund Freud an Hermine Hug-Hellmuth 1915 zit. in: Graf-Nold, Angela, Der Fall Hermine Hug-Hellmuth, a.a.O., S. 237.
159 Lieben, Anna von, Gedichte. Ihren Freunden zur Erinnerung, a.a.O., S. 47.
160 Veigl, Hans, Wiener Kaffeehausführer, Wien 1989, S. 62.
161 Arnbom, Marie-Theres, Man will wohnen an der Ringstraße. Die Häuser der Familie Lieben. In: Kohlbauer-Fritz, Gabriele/Fuks, Evi (Hrsg.), Die Liebens. 150 Jahre Geschichte einer Wiener Familie, Wien 2004, S. 55–66, S. 56.
162 Jones, Ernest, Das Leben und Werk von Sigmund Freud, Bd. II, a.a.O., S. 450.
163 Gay, Peter, Freud. Eine Biographie für unsere Zeit, a.a.O., S. 181.
164 Jones, Ernest, Das Leben und Werk von Sigmund Freud, Bd. II, a.a.O., S. 450.
165 Arnbom, Marie-Theres, Man will wohnen an der Ringstraße, a.a.O., S. 56.
166 Ebenda S. 56f.
167 Appignanesi, Lisa/Forrester, John, Die Frauen Sigmund Freuds, a.a.O., S. 103.
168 Ebenda S. 123.
169 Tögel, Christfried, Freuds Wien. Eine Biographische Skizze nach Schauplätzen, Wien 1996, S. 38.
170 Appignanesi, Lisa/Forrester, John, Die Frauen Sigmund Freuds, a.a.O., S. 123.
171 Vgl. dazu Theweleit, Klaus, Objektwahl, a.a.O., Frankfurt/Main, 1990.
172 Appignanesi, Lisa/Forrester, John, Die Frauen Sigmund Freuds, a.a.O., S. 123.
173 Ebenda S. 124.
174 Feurstein, Michaela/Milchram, Gerhard, Jüdisches Wien. Stadtspaziergänge, Wien 2001, S. 101.
175 Lazarsfeld-Jahoda, Marie/Zeisel, Hans, Die Arbeitslosen von Marienthal. Ein soziographischer Versuch über die Wirkungen langdauernder Arbeitslosigkeit, mit einem Anhang zur Geschichte der Soziographie. Bearb. und hrsg. von der Österreichischen wirtschaftspsychologischen Forschungsstelle, Leipzig 1933.

Anmerkungen

176 Arnbom, Marie-Theres, Man will wohnen an der Ringstraße, a.a.O., S. 56f.
177 Vgl. Kobau, Ernst, Rastlos eilt die Flut der Jahre ... Josephine von Wertheimstein – Ferdinand von Saar, Wien/Köln/Weimar 1997.
178 Appignanesi, Lisa/Forrester, John, Die Frauen Sigmund Freuds, a.a.O., S. 124.
179 Vgl. dazu, Lieben, Anna von, Gedichte, a.a.O.
180 Appignanesi, Lisa/Forrester, John, Die Frauen Sigmund Freuds, a.a.O., S. 126.
181 Ebenda S. 124.
182 Ebenda S. 129.
183 Arnbom, Marie-Theres, Man will wohnen an der Ringstraße, a.a.O., S. 58.
184 Gay, Peter, Freud. Eine Biographie für unsere Zeit, a.a.O., S. 48.
185 Sigmund Freud an Martha Freud, 7.7.1892, Sigmund Freud Archives, Library of Congress, E2, zit. in: Tögel, Christfried, Freuds Wien. Eine Biographische Skizze nach Schauplätzen, a.a.O., S. 48.
186 Arnbom, Marie-Theres, Man will wohnen an der Ringstraße, a.a.O., S. 58.
187 Appignanesi, Lisa/Forrester, John, Die Frauen Sigmund Freuds, a.a.O., S. 129.
188 Ebenda S. 129.
189 Vgl. Rothländer, Christiane, Motesiczky, Karl: Biographische Annäherung an einen „Gerechten unter den Völkern", in: Kohlbauer-Fritz, Gabriele/Fuks, Evi (Hrsg.), Die Liebens. 150 Jahre Geschichte einer Wiener Familie, a.a.O., S. 183–203.
190 Zuckerkandl, Bertha, Österreich intim. Erinnerungen 1892–1942, Frankfurt/Main, 1988, S. 85.
191 Meysels, Lucian O., In meinem Salon ist Österreich. Berta Zuckerkandl und ihre Zeit, München 1984, S. 61.
192 Zuckerkandl, Bertha, Österreich intim. Erinnerungen 1892–1942, a.a.O., 1988, S. 85.
193 Meysels, Lucian O., In meinem Salon ist Österreich. Berta Zuckerkandl und ihre Zeit, a.a.O., S. 78.
194 Zuckerkandl, Bertha, Österreich intim. Erinnerungen 1892–1942, a.a.O., S. 193.
195 Meysels, Lucian O., In meinem Salon ist Österreich, a.a.O., S. 217.
196 Lieben, Anna von, Gedichte, a.a.O., S. 153.
197 Bertin, Célia, Die letzte Bonaparte. Freuds Prinzessin. Ein Leben, Freiburg 1989, S. 313.
198 Ebenda S. 284.
199 Schaffenrath, Christiana, Das Hotel Bristol in Wien. Ein Palasthotel, Dipl. Arbeit, Salzburg 2000, S. 52.
200 Ebenda S. 96f.
201 Neues Wiener Tagblatt, 5. Juni 1898, zit. in: Schaffenrath, Christiana, Das Hotel Bristol in Wien, a.a.O., S. 97.
202 Neues Wiener Tagblatt, 5. Juni 1898, zit. in: Schaffenrath, Christiana, Das Hotel Bristol in Wien, a.a.O., S. 100.
203 Vgl. Kraus, Karl, Die letzten Tage der Menschheit, Frankfurt/Main 1992,

S. 123. Vierter Akt, erste Szene – hier heißt es: „Larven und Lemuren. Alles erscheint Arm in Arm zu fünft. Grundlose Fröhlichkeit wechselt mit dumpf brütendem Schweigen".

204 Schaffenrath, Christiana, Das Hotel Bristol in Wien, a.a.O., S. 132.

205 Augustin, Andreas, Die berühmtesten Hotels der Welt. Hotel Bristol, Wien 2000, S. 77.

206 Vgl. Meldezettel, Wiener Stadt- und Landesarchiv.

207 Hilmes, Oliver, Witwe im Wahn. Das Leben der Alma Mahler-Werfel, München 2004, S. 178.

208 Mahler-Werfel, Alma, Mein Leben, Frankfurt/Main, 1960. S. 90.

209 Hilmes, Oliver, Witwe im Wahn, a.a.O., S. 179f.

210 Chorherr, Thomas, Wien, a.a.O., S. 279.

211 Fritz, Wolfgang, Der Kopf des Asiaten Breitner, a.a.O., S. 192.

212 Bertin, Célia, Die letzte Bonaparte, a.a.O., S. 277.

213 Ebenda S. 304.

214 Ebenda S. 264.

215 Ebenda S. 264.

216 Appignanesi, Lisa/Forrester, John, Die Frauen Sigmund Freuds, a.a.O., S. 464.

217 Bertin, Célia, Die letzte Bonaparte, a.a.O., S. 279.

218 Bertin, Célia, Die letzte Bonaparte, a.a.O., S. 320.

219 Roazen, Paul, Sigmund Freud und sein Kreis. Eine biographische Geschichte der Psychoanalyse, Bergisch Gladbach 1976, S. 432.

220 Stephan, Inge, Die Gründerinnen der Psychoanalyse, a.a.O., S. 170.

221 Ebenda S. 172.

222 Gay, Peter, Freud. Eine Biographie für unsere Zeit, a.a.O., S. 701f.

223 Stephan, Inge, Die Gründerinnen der Psychoanalyse, a.a.O., S. 348.

224 Ebenda S. 173.

225 Ebenda S. 166.

226 So hatte sie bereits 1924 in einer medizinischen Fachzeitschrift eine Untersuchung über weibliche Sexualität – allerdings unter einem Pseudonym – veröffentlicht. Vgl. Appignanesi, Lisa/Forrester, John, Die Frauen Sigmund Freuds, a.a.O., S. 462.

227 Bertin, Célia, Die letzte Bonaparte, a.a.O., S. 275.

228 Ebenda S. 266.

229 Ebenda S. 311.

230 Walzer, Tina/Templ, Stephan, Unser Wien, „Arisierung auf österreichisch", Berlin 2001, S. 155.

231 Schaffenrath, Christiana, Das Hotel Bristol in Wien, a.a.O., S. 122.

232 Ebenda S. 122.

233 Fülöp-Miller, René, Der Narr im Frack, in: Der Monat 4 (1952) S. 401, zit. in: Schönherr, Max, Wer war Friedrich Eckstein? In: Eckstein, Friedrich, Alte unnennbare Tage! Erinnerungen aus siebzig Lehr- und Wanderjahren. Wien 1992, S. 313–328, S. 315f.

234 Wittgenstein, Ludwig, Vorlesungen 1930–1935, Frankfurt/Main 1984, S. 198.

Anmerkungen

235 Prokop, Ursula, Margaret Stonborough-Wittgenstein. Bauherrin, Intellektuelle, Mäzenin, Wien/Köln/Weimar 2003, S. 37.

236 Ebenda S. 44ff.

237 Ebenda S. 41.

238 Vgl. Prokop, Ursula, Margaret Stonborough-Wittgenstein. Bauherrin, Intellektuelle, Mäzenin, a.a.O.

239 Vossenkuhl, Ludwig Wittgenstein, München 1998, S. 353.

240 McGuiness, Brian, Freud und Wittgenstein, in: Wittgensteins Schriften, Beiheft 3, 1979, S. 68, zit. in: Ritsch, Martin, Wittgenstein über Freud, Dipl. Arbeit, Innsbruck 1990, S. 1.

241 Prokop, Ursula, Margaret Stonborough-Wittgenstein, a.a.O., S. 223.

242 Ebenda S. 202.

243 Ebenda S. 100.

244 Ebenda S. 222.

245 Gay, Peter, Freud. Eine Biographie für unsere Zeit, a.a.O., S. 605ff.

246 Prokop, Ursula, Margaret Stonborough-Wittgenstein, a.a.O., S. 225.

247 Kapner, Gerhardt, Anton Hanak. Kunst- und Künstlerkult. Ein Beispiel, Wien 1984, Bildanhang.

248 Prokop, Ursula, Margaret Stonborough-Wittgenstein, a.a.O., S. 144.

249 Ebenda S. 40.

250 Ebenda S. 163.

251 Gay, Peter, Freud. Eine Biographie für unsere Zeit, a.a.O., S. 702f.

252 Jones, Ernest, Das Leben und Werk von Sigmund Freud, Bd. III, Bern 1962, S. 265.

253 Prokop, Ursula, Margaret Stonborough-Wittgenstein, a.a.O., S. 224.

254 Ebenda S. 168.

255 Ebenda S. 268.

256 Kapfinger, Otto, Haus Wittgenstein. Eine Dokumentation, Wien 1991, S. 10.

257 Bertha Pappenheim, in: Edinger Dora (Hrsg.), Bertha Pappenheim, Leben und Schriften, Frankfurt/Main, 1963, S. 7.

258 Freud an Martha Bernays, Brief vom 13. Juli 1883, in: Sigmund Freud. Briefe 1873–1939, a.a.O., S. 47.

259 Ebenda S. 47f.

260 1869 übersiedelte die Familie Pappenheim in ein Palais nahe der Ringstraße, 9. Bezirk, Liechtensteinstraße 2. Dieser Umzug dokumentiert den wirtschaftlichen Aufstieg der Familie, denn der Ring und seine Nebenstraßen galten für die jüdische Oberschicht der zweiten Hälfte des 19. Jahrhunderts als besonders angesehene Adresse.

261 Http://www.Sung.at/johann-strauss-gesellschaft/obj/d/n/0015952.htm, 08.04.2005, 15.59 Uhr.

262 Vgl. Brentzel, Marianne, Sigmund Freuds Anna O.. Das Leben der Bertha Pappenheim, Leipzig 2004 und Duda, Sibylle, Erkundungen zur Geschichte der Hysterie oder >Der Fall Anna O.<, in: Duda, Sibylle/Pusch Luise. F. (Hrsg.), Wahnsinnsfrauen, Frankfurt/Main 1992.

263 Krüll, Marianne, Freud und sein Vater. Die Entstehung der Psychoanalyse und Freuds ungelöste Vaterbindung, München 1979, S.106f.

264 Pappenheim, Bertha, Zur Erziehung der weiblichen Jugend in den hö-

heren Ständen, in: Ethische Kultur 6, S. 62, zit. nach Brentzel, Marianne, Sigmund Freuds Anna O.. Das Leben der Bertha Pappenheim, a.a.O., S. 20.

265 Breuer, Josef, Beobachtung I. Frl. Anna O., in: Josef Breuer/Sigmund Freud, Studien über Hysterie, Leipzig/ Wien 1909, S. 15–36, S. 16.

266 Vgl. Breuer, Josef, Beobachtung I. Frl. Anna O., a.a.O., S. 19.

267 Vgl. Krankengeschichte Josef Breuers und Verlaufsbericht über die Behandlung im Sanatorium Bellevue, in: Hirschmüller, Albrecht, Physiologie und Psychoanalyse in Leben und Werk Josef Breuers, Jahrbuch der Psychoanalyse, Beiheft 4, Bern-Stuttgart, 1978, S. 360.

268 Breuer, Josef, Beobachtung I. Frl. Anna O., a.a.O., S. 21.

269 Malmberg, Helga, Widerhall des Herzens. Ein Peter Altenberg-Buch. München 1961, S. 235.

270 Breuer, Josef, Beobachtung I. Frl. Anna O., a.a.O., S. 22.

271 Gay, Peter, Freud. Eine Biographie für unsere Zeit, a.a.O., S. 122.

272 Vgl. Illustriertes Wiener Extrablatt, Nr.48/9. Jahrgang, Mittwoch 18. Februar 1880.

273 Illustriertes Wiener Extrablatt, Nr. 34/9. Jahrgang, Mittwoch 4. Februar 1880.

274 Prokop, Ursula, Margaret Stonborough-Wittgenstein, a.a.O., S. 71.

275 Schnitzler, Arthur, Jugend in Wien, a.a.O., S. 191.

276 Vgl. Freud, Sigmund, Zur Psychotherapie der Hysterie, in: Josef Breuer/Sigmund Freud, Studien über Hysterie, a.a.O., S. 222–269, S. 244ff.

277 Vgl. u. a. Broch-Jacobsen, Mikkel, Anna O. zum Gedächtnis. Eine hundertjährige Irreführung, München 1997, S. 38–57. Aus feministischer Perspektive u. a. Brentzel, Marianne, Sigmund Freuds Anna O. Das Leben der Bertha Pappenheim, a.a.O., S. 47–51.

278 Vgl. Breuer, Josef/Freud, Sigmund, Studien über Hysterie, a.a.O.

279 Freud, Sigmund, Bemerkungen über die Übertragungsliebe, G.W., Bd.X, Frankfurt/Main 1967, S. 306–321, S. 49.

280 Breuer, Josef, Beobachtung I. Frl. Anna O., a.a.O., S. 32f.

281 Breuer, Josef, Beobachtung I. Frl. Anna O., a.a.O., S. 15.

282 Vgl. Josef Breuer, Beobachtung I. Frl. Anna O, a.a.O., S. 37.

283 Wollstonecraft, Mary, Verteidigung der Rechte der Frauen, Zürich, 1978.

284 Ihre Identität wird erst nach dem Zweiten Weltkrieg durch eine Fußnote im ersten Band der Freudbiographie von Ernest Jones enthüllt, vgl. Jones, Ernest, Sigmund Freud, a.a.O., S. 266, Fußnote 7.

285 Vgl. Brentzel, Marianne, Sigmund Freuds Anna O. Das Leben der Bertha Pappenheim, a.a.O., S. 225f.

286 Zennah u Rnnah. Frauenbibel Band 1. Nach dem jüdisch-deutschen bearbeitet von Bertha Pappenheim Bereschith. Erstes Buch Moses, Jüdischer Frauenbund (Hrsg.), Frankfurt 1930, Vorwort von Berta Pappenheim, S. IV f., zit. nach: Brentzel, Marianne, Sigmund Freuds Anna O. Das Leben der Bertha Pappenheim, a.a.O., S. 190.

287 Buchankündigung für die amerikanische Ausgabe von Alfred Adlers Buch „Menschenkenntnis". Publishers Weekly, 115, January 28, 1928, 347,

Anmerkungen

zit. in: Hoffman, Edward, Alfred Adler. Ein Leben für die Individualpsychologie, München/Basel 1997, S. 241.

288 Stern, Luitpold, Das Haus mit den 100 Fenstern, Festschrift aus dem Jahr 1955, zit. nach: Fellinger, Hans, Zur Entwicklungsgeschichte der Wiener Volksbildung, in: Kutalek, Norbert/Fellinger, Hans, Zur Wiener Volksbildung, Wien/München 1969, S. 127–292. S. 146f.

289 Fellinger, Hans, Zur Entwicklungsgeschichte der Wiener Volksbildung, in: Kutalek, Norbert/Fellinger, Hans, Zur Wiener Volksbildung, a.a.O., S. 141.

290 Wien gehörte bis 1922 formal-rechtlich zu Niederösterreich. Zur Geschichte des Volksheims Ottakring und seiner Vorläufer vgl. Fellinger, Hans, Zur Wiener Volksbildung, in: Kutalek, Norbert/Fellinger, Hans, Zur Wiener Volksbildung, a.a.O., S. 129–171.

291 Ebenda S. 129.

292 Ebenda S. 137.

293 Ebenda S. 134 und S. 137.

294 Achleitner, Friedrich, Österreichische Architektur im 20. Jahrhundert. Ein Führer in 4 Bänden, Bd. III/2, Salzburg/Wien, 1995, S. 157.

295 Zur Berufsstruktur der Volksheim-Kursteilnehmer und -teilnehmerinnen vgl. Fellinger, Hans, Zur Entwicklungsgeschichte der Wiener Volksbildung, in: Kutalek, Norbert/Fellinger, Hans, Zur Wiener Volksbildung, a.a.O., 1969, S. 286.

296 Ebenda S. 292 Schwarzwald, S. 175 Kelsen und Hartmann, S. 135 Tandler.

297 Rattner, Josef, Alfred Adler, Reinbek bei Hamburg 1972, S. 13.

298 Ebenda S. 14.

299 Schiferer, Ruediger H., Alfred Adler. Eine Bildbiographie, München/Basel 1995, S. 68.

300 Hoffman, Edward, Alfed Adler. Ein Leben für die Individualpsychologie, München/Basel 1997, S. 52.

301 Ebenda S. 63.

302 Vgl. Weir, Günter, ,Vater Freud' und die frühe psychoanalytische Bewegung, Opladen 1996.

303 Handlbauer, Bernhard, Die Adler-Freud-Kontroverse, Frankfurt/Main 1990, S. 92–96.

304 Zum genauen Ablauf der Ereignisse und Diskussionen vgl. Handlbauer, Bernhard, Die Adler-Freud-Kontroverse, a.a.O., 1990, S. 123–150.

305 Sperber, Manès, Alfred Adler oder das Elend der Psychologie, Wien/München/Zürich 1970, S. 275.

306 Wien, 1. Bezirk, Dominikanerbastei 10.

307 Torberg, Friedrich, Traktat über das Wiener Kaffeehaus (1959), in: Ders., Die Tante Jolesch oder Der Untergang des Abendlandes in Anekdoten, München 1991, S. 237–246, S. 242f.

308 Vgl. u. a. Bruder-Bezzel, Almuth, Alfred Adler. Die Entstehungsgeschichte einer Theorie im historischen Milieu Wiens, Göttingen 1983, S. 119.

309 Sperber, Manès, Alfred Adler oder das Elend der Psychologie, a.a.O., S. 285.

310 Leidinger, Hannes/Moritz, Verena, Russisches Wien. Begegnungen aus vier Jahrhunderten, Wien/Köln/Weimar 2004, S. 128.

311 Trotzki, Leo, Mein Leben. Versuch einer Autobiographie, Berlin 1930, S. 211.

312 Hoffmann, Paul, The Viennese: Splendor, Twilight, and Exile, New York, 1988, S. 43. Zit. in: Hoffman, Edward, Alfred Adler. Ein Leben für die Individualpsychologie, a.a.O., S. 114.

313 Adler, Alfred, Praxis und Theorie der Individualpsychologie, Vorträge zur Einführung in die Psychotherapie für Ärzte, Psychologen und Lehrer, Frankfurt/Main 1984, S. 19–66.

314 Sperber, Manès, Alfred Adler oder das Elend der Psychologie, a.a.O., 1970, S. 285.

315 Vgl. Adler, Alfred, Praxis und Theorie der Individualpsychologie, Vorträge zur Einführung in die Psychotherapie für Ärzte, Psychologen und Lehrer, a.a.O., S. 19.

316 Adler, Alfred/ Furtmüller, Carl (Hrsg.), Heilen und Bilden. Ärztlich-pädagogische Arbeiten des Vereins für Individualpsychologie, München 1914. Reprint: Frankfurt/Main 1973.

317 Bruder-Bezzel, Almuth, Alfred Adler. Die Entstehungsgeschichte einer Theorie im historischen Milieu Wiens, a.a.O., S. 118.

318 Vgl. Jones, Ernest, Das Leben und Werk von Sigmund Freud, a.a.O., Bd. II, S. 207f.

319 Caruso, Igor A./Englert, Edward H., Sozialpsychologie bei Alfred Adler, in: Ringel, Erwin/Brandl, Gerhard (Hrsg.), Ein Österreicher namens Alfred Adler. Seine Individualpsychologie – Rückschau und Ausblick, Frankfurt/Main 1997, S. 95f.

320 Adler, Alfred, Praxis und Theorie der Individualpsychologie. Vorträge zur Einführung in die Psychoanalyse für Ärzte, Psychologen und Lehrer, a.a.O., S. 313.

321 Bruder-Bezzel, Almuth, Alfred Adler. Die Entstehungsgeschichte einer Theorie im historischen Milieu Wiens, a.a.O., 1983, S.107.

322 Öhlinger, Walter, Wien 1918–1934. Im Spannungsfeld der Ersten Republik, in: Museen der Stadt Wien (Hrsg.), Das Rote Wien 1918–1934, Sonderausstellung des Historischen Museum der Stadt Wien, 17.6.–5.9.1993, Wien 1993, S. 14.

323 Maderthaner, Wolfgang, Die österreichische Sozialdemokratie 1918–1934. Die größte Parteiorganisation der Welt, in: Museen der Stadt Wien (Hrsg.), Das Rote Wien 1918–1934, a.a.O., S. 40.

324 Ebenda S. 11f.

325 Glöckel, Otto, Die Entwicklung des Wiener Schulwesens seit dem Jahre 1919, Wien 1927, S.1.

326 Schnell, Hermann, Alfed Adler und das Wiener Schulwesen, in: Ringel, Erwin/Brandl, Gerhard (Hrsg.), Ein Österreicher namens Alfred Adler. Seine Individualpsychologie – Rückschau und Ausblick, a.a.O., S. 134–144.

327 Sperber, Manès, Alfred Adler oder das Elend der Psychologie, a.a.O., S. 279.

Anmerkungen

328 Schiferer, Ruediger H., Alfred Adler. Eine Bildbiographie, a.a.O., S. 126.

329 Vgl. Sperber, Manès, Alfred Adler oder das Elend der Psychologie, a.a.O., Vorwort S. 9–16, insbesondere die geradezu hymnischen Beschreibungen der Person Adlers als Vortragenden, S. 13–16.

330 Titel eines Vortrags, den Sofie Lazarsfeld auf dem Internationalen Kongress für Individualpsychologie 1925 in Düsseldorf hielt, vgl. Friebus, Dorothee, Sofie Lazarsfeld oder „Wie die Frau den Mann erlebt", in: Lévy, Alfred/Mackenthun, Gerald (Hrsg.), Gestalten um Alfred Adler, Würzburg 2002, S. 157–174, S. 160.

331 Vgl. Lazarsfeld, Sofie, Familien- oder Gemeinschaftserziehung, in: Wexberg, Erwin (Hrsg.), Handbuch der Individualpsychologie, Bd.1, Amsterdam 1926, S. 323–335.

332 Lazarsfeld, Sofie, Wie die Frau den Mann erlebt. Fremde Bekenntnisse und eigene Betrachtungen, Leipzig/Wien, 1931, Vorwort S. 3.

333 Lazarsfeld, Sofie, Wie die Frau den Mann erlebt, a.a.O., S. 126.

334 Schiferer, Ruediger H., Alfred Adler. Eine Bildbiographie, a.a.O., 1995, S. 130.

335 Lazarsfeld, Sofie, Wie die Frau den Mann erlebt, a.a.O., S. 325.

336 Hoffman, Edward, Alfed Adler. Ein Leben für die Individualpsychologie, a.a.O., S. 185.

337 Zu den transatlantischen Beziehungen bzw. Erfahrungen Alfred Adlers vgl. die detailreiche Darstellung in: Hoffman, Edward, Alfed Adler. Ein Leben für die Individualpsychologie, a.a.O., Teil II, S. 193–368.

338 „Inferiority Complex Cause of All Ills", San Francisco Chronicle, February 8, 1929, zit. in: Hoffman, Edward, Alfed Adler. Ein Leben für die Individualpsychologie, a.a.O., S. 191.

339 Zit. nach: Sperber, Manès, Alfred Adler oder Das Elend der Psychologie, a.a.O., 1970, Geleitwort, S. 5.

340 Obholzer, Karin, Gespräche mit dem Wolfsmann. Eine Psychoanalyse und die Folgen, Hamburg 1980, S. 186.

341 Koller-Glück, Elisabeth, Otto Wagners Kirche Am Steinhof, Wien 1984, S. 5.

342 Ebenda S. 5.

343 Ebenda S. 5.

344 Ebenda S. 5f.

345 Berthelsen, Detlef, Alltag bei Familie Freud, a.a.O., S. 55.

346 Vgl. Freud, Sigmund, Aus der Geschichte einer infantilen Neurose, „Der Wolfsmann" 1918, Studienausgabe 1969, Bd. VIII, S. 125fff.

347 Gardiner, Muriel (Hrsg.), Der Wolfsmann vom Wolfsmann, Frankfurt/Main, 1982, S. 169.

348 Ebenda S. 43.

349 Gay, Peter, Freud. Eine Biographie für unsere Zeit, a.a.O., S. 323.

350 Freud, Sigmund, Aus der Geschichte einer infantilen Neurose, „Der Wolfsmann" 1918, Studienausgabe 1969, Bd. VIII.

351 Gay, Peter, Freud. Eine Biographie für unsere Zeit, a.a.O., S. 324.

352 Gardiner, Muriel (Hrsg.), Der Wolfsmann vom Wolfsmann, a.a.O., S. 174.

353 Obholzer, Karin, Gespräche mit dem Wolfsmann, a.a.O., S. 49.

354 Ebenda S. 49.

355 http://www.berlinische-monatsschrift.de/bms/bmstxt97/9708proe.htm, 05.04.2005, 10.43 Uhr

356 Gardiner, Muriel (Hrsg.), Der Wolfsmann vom Wolfsmann, a.a.O., S. 175.

357 Obholzer, Karin, Gespräche mit dem Wolfsmann, a.a.O., S. 46.

358 Jones, Ernest, Das Leben und Werk von Sigmund Freud, Bd. II, a.a.O., S. 327.

359 Gay, Peter, Freud. Eine Biographie für unsere Zeit, a.a.O., S. 330f.

360 Obholzer, Karin, Gespräche mit dem Wolfsmann, a.a.O., S. 126f.

361 Vgl. Kapitel 13.

362 Gardiner, Muriel (Hrsg.), Der Wolfsmann vom Wolfsmann, a.a.O., S. 349.

363 Ebenda S. 352.

364 Obholzer, Karin, Gespräche mit dem Wolfsmann, a.a.O., S. 169. Vgl. dazu auch Gardiner, Muriel (Hrsg.), Der Wolfsmann vom Wolfsmann, a.a.O., S. 431.

365 Obholzer, Karin, Gespräche mit dem Wolfsmann, a.a.O., S. 170f.

366 Ebenda S. 186.

367 Gardiner, Muriel (Hrsg.), Der Wolfsmann vom Wolfsmann, a.a.O., S. 425.

368 Sacher-Masoch, Wanda und Leopold, Szenen einer Ehe, Wien 1996, Nachwort von Adolf Opel, S. 278.

369 Hamann, Brigitte, Elisabeth, Kaiserin wider Willen, München 1997, S. 392.

370 Ebenda S. 394.

371 Bergner, Elisabeth, Bewundert viel und viel gescholten ... Elisabeth Bergners unordentliche Lebenserinnerungen, München 1978, S. 83.

372 Ebenda S. 83.

373 Die Schreibweise des Namens variiert, die hier im Text gewählte entspricht jener aus Meyers großem Taschenlexikon Bd. 15 und unterscheidet sich daher von den jeweiligen Publikationen. Auch das Geburtsdatum wird mit 1888/1889/1890 unterschiedlich angegeben, das hier gewählte entspricht dem Akt Nijinskij, Hauptarchivakte/Persönlichkeiten NZ, Wiener Stadt- und Landesarchiv.

374 Brief von Dr. Frenkel Tissot, St. Moritz, 22.3.1920, Akt Nijinskij, Hauptarchivakte/Persönlichkeiten NZ, Wiener Stadt- und Landesarchiv.

375 Buckle, Richard, Nijinsky, London 1971, S. 241fff.

376 Brief von Dr. Frenkel Tissot, St. Moritz, 22.3.1920, Akt Nijinskij, Hauptarchivakte/Persönlichkeiten NZ, Wiener Stadt- und Landesarchiv.

377 Nijinsky, Romola, Nijinsky. Der Gott des Tanzes, Frankfurt/Main 1974, S. 379.

378 Ebenda S. 379.

379 Brief von Dr. Frenkel Tissot, St. Moritz, 22.3.1920, Akt Nijinskij, Hauptarchivakte/Persönlichkeiten NZ, Wiener Stadt- und Landesarchiv.

380 Der Clown Gottes, Tagebuch des Waslaw Nijinskij, Stuttgart, o.J., S. 182.

381 Vgl. dazu: Mende, Susanne, Die Wiener Heil- und Pflegeanstalt „Am Steinhof" in der Zeit des NS-Regimes in Österreich, in: Gabriel, Eberhard/Neugebauer, Wolfgang (Hrsg.), NS-Euthanasie in Wien, Wien/Köln/Weimar 2000, S. 61–74, S. 68

Anmerkungen

382 Bernhard, Thomas, Wittgensteins Neffe, Frankfurt/Main 1982, S. 13f. Thomas Bernhard befand sich 1967 wegen eines Tumors in der Lungenheilanstalt in einem Pavillon auf der Baumgartnerhöhe. Sein Freund, Paul Wittgenstein, befand sich zur gleichen Zeit in einem anderen Pavillon, der jedoch zur Psychiatrischen Klinik gehörte, in psychologischer Behandlung.

383 Canetti, Elias, Die Blendung, Gütersloh 1994, S. 491. Canetti siedelt seinen Arzt zwar in Paris an, hatte als realen Ort dabei jedoch den Steinhof in Wien vor Augen. Vgl. dazu: Canetti, Elias, Die Fackel im Ohr, Lebensgeschichte 1921–1931, Frankfurt/Main, 1982, S. 342ff.

384 Mayreder, Rosa, Die Krise der Väterlichkeit, Graz 1963, S. 92

385 Berthelsen, Detlef, Alltag bei Familie Freud, a.a.O., S. 42.

386 Beyerl, Peppo, Der Himmel über Wien. In: Wien wirklich. Der Stadtführer, Wien 1992, S. 304–307, S. 306.

387 Vgl. Canetti, Elias, Das Augenspiel. Lebensgeschichte 1931–1937, Frankfurt/Main, 1990, S. 196 und S. 203ff.

388 Tanna Kasimir-Hoernes 1887–1972, Luigi Kasimir 1881–1962.

389 Interview Djore Kasimir, 22. März 2005.

390 Lang, Marie, Wie der Corregidor entstand, in: Die Zeit, 23.2.1904.

391 Vgl. dazu Mayreder, Rosa, Die Krise der Väterlichkeit, Graz 1963, S. 53–84.

392 Ebenda S. 80.

393 Mulot-Déri, Sibylle, Alte ungenannte Tage. Zur Biographie Friedrich Ecksteins, in: Eckstein, Friedrich, Alte unnennbare Tage! Erinnerungen aus siebzig Lehr- und Wanderjahren, Wien 1992, S. 297–310, S. 297.

394 Eckstein, Friedrich, Alte unnennbare Tage! Erinnerungen aus siebzig Lehr- und Wanderjahren, Wien 1992, S. 106.

395 Ebenda S. 20.

396 Freud, Sigmund, Das Unbehagen in der Kultur, in: Studienausgabe Bd. IX, Fragen der Gesellschaft. Ursprünge der Religion, Frankfurt/Main 1974.

397 Mulot-Déri, Sibylle, Alte ungenannte Tage, a.a.O., S. 302.

398 Freud, Sigmund, Das Unbehagen in der Kultur, in: Studienausgabe Bd. IX, Fragen der Gesellschaft. Ursprünge der Religion, Frankfurt/Main 1974, S. 204f.

399 Eckstein, Friedrich, Alte unnennbare Tage!, a.a.O., S. 184f.

400 Ebenda S. 203.

401 Mulot-Déri, Sibylle, Sir Galahad. Porträt einer Verschollenen, Frankfurt/Main 1987, S. 78.

402 Schnitzler, Arthur, Das weite Land, Frankfurt/Main 1987, S. 78.

403 Brief Freuds an Arthur Schnitzler, 8. Mai 1906, zit. in: Gay, Peter, Freud. Eine Biographie für unsere Zeit, a.a.O., S. 152.

404 Appignanesi, Lisa/Forrester, John, Die Frauen Sigmund Freuds, a.a.O., S. 166.

405 Young-Bruehl, Elisabeth, Anna Freud. Eine Biographie. Wien 1988, S. 62.

406 Sigmund Freud, Briefe an Wilhelm Fließ 1887–1904, Frankfurt/Main 1986, S. 125, zit. in: Stephan, Inge, Die Gründerinnen der Psychoanalyse, a.a.O., S. 71.

407 Mulot-Déri, Sibylle, Alte ungenannte Tage, a.a.O., S. 306.
408 Appignanesi, Lisa/Forrester, John, Die Frauen Sigmund Freuds, a.a.O., S. 191.
409 Mulot-Déri, Sibylle, Alte ungenannte Tage, a.a.O., S. 306.
410 Gay, Peter, Freud. Eine Biographie für unsere Zeit, a.a.O., S. 97.
411 Freud, Martin, Mein Vater Sigmund Freud, Heidelberg 1999, S. 54f.
412 Sigmund Freud an Wilhelm Fließ, 12. Juni 1900, zit. in: Gay, Peter, Freud. Eine Biographie für unsere Zeit, a.a.O., S. 98.
413 Czeike, Felix, Historisches Lexikon Wien, Bd. 1, Wien 1992, S. 315.
414 Czeike, Felix, Historisches Lexikon Wien, Bd. 1, Wien 1992, S. 315. Vgl. auch Beyerl, Peppo, Der Himmel über Wien, in: Wien wirklich. Der Stadtführer, Wien 1992, S. 304–307, S. 307.
415 Feuerstein, Michaela/Milchram, Gerhard, Jüdisches Wien, a.a.O., S. 201.
416 Freud, Anna, Wege und Irrwege in der Kinderentwicklung, Stuttgart 1986, S. 16f.
417 Gibs, Helga, Hietzing, Zwischen gestern und morgen, Korneuburg 1996, S. 60.
418 Vgl. dazu: Fischer, Lisa, Geschlechterasymmetrien der Wiener Moderne, in: Klimt und die Frauen, Ausstellungskatalog, Köln 2001, S. 32–37.
419 Appignanesi, Lisa/Forrester, John, Die Frauen Sigmund Freuds, a.a.O., S. 525.
420 Ebenda S. 525.
421 Meldezettel, Wiener Stadt- und Landesarchiv. Valentin Rosenfeld bewohnte das Haus bis 1938.
422 Fritsch, Georg, Rosenfeld, Katalog, Wien 2001, Nr. 2. Vgl. dazu auch: Adolf Loos, Katalog, Graphische Sammlung Albertina, Wien 1989, S. 64f.
423 Gibs, Helga, Hietzing, a.a.O., S.102fff.
424 Ross, Victor, Eva Marie Rosenfeld (1892–1977): Persönliche Erinnerungen an eine mutige Frau, in: Heller, Peter (Hrsg.), Anna Freud: Briefe an Eva Rosenfeld, Basel 1994, S. 33–58, S. 37.
425 Ebenda S. 37.
426 Ebenda S. 37.
427 Fritsch, Georg, Rosenfeld, Katalog, Wien 2001.
428 Ross, Victor, Eva Marie Rosenfeld, a.a.O., S. 43.
429 Appignanesi, Lisa/Forrester, John, Die Frauen Sigmund Freuds, a.a.O., S. 525.
430 Ross, Victor, Eva Marie Rosenfeld, a.a.O., S. 42.
431 Bittner, Günther/Heller, Peter (Hrsg.), Eine Kinderanalyse bei Anna Freud (1929–1932), Würzburg 1983, S. 15.
432 Ebenda S. 12.
433 Ross, Victor, Eva Marie Rosenfeld, a.a.O., S. 44.
434 Vgl. zu Eugenie Schwarzwald ausführlich: Deichmann, Hans, Leben mit provisorischer Genehmigung. Leben, Werk, Exil von Dr. Eugenie Schwarzwald (1872–1940), Wien 1988.
435 Handlbauer, Bernhard, Psychoanalytikerinnen und Individualpsychologinnen im Roten Wien, in: Ingrisch, Doris/Korotin, Ilse/Zwiauer, Charlotte (Hrsg.), Die Revolutionierung des Alltags, a.a.O., S. 75–100, S. 90.

436 Ross, Victor, Eva Rosenfeld, a.a.O., S. 38.

437 Ebenda S. 38.

438 Appignanesi, Lisa/Forrester, John, Die Frauen Sigmund Freuds, a.a.O., S. 525.

439 Ross, Victor, Eva Marie Rosenfeld, a.a.O., S. 41.

440 Ebenda S. 41.

441 Appignanesi, Lisa/Forrester, John, Die Frauen Sigmund Freuds, a.a.O., S. 526.

442 Bittner, Günther/Heller, Peter (Hrsg.), Eine Kinderanalyse bei Anna Freud (1929–1932), a.a.O., S. 17.

443 Ebenda S. 23.

444 Handlbauer, Bernhard, Psychonalytikerinnen und Individualpsychologinnen im Roten Wien, a.a.O., S. 90.

445 Bittner, Günther/Heller, Peter (Hrsg.), Eine Kinderanalyse bei Anna Freud, a.a.O., S. 22.

446 Ross, Victor, Eva Rosenfeld, a.a.O., S. 41.

447 Bittner, Günther/Heller, Peter (Hrsg.), Eine Kinderanalyse bei Anna Freud, a.a.O., S. 212.

448 Fritsch, Georg, Rosenfeld, Katalog, a.a.O., Vorwort.

449 Ross, Victor, Eva Rosenfeld, a.a.O., S. 42.

450 Gardiner, Muriel, Deckname Mary. Erinnerungen einer Amerikanerin im österreichischen Untergrund, Wien 1983, S. 162.

451 Lokalaugenschein im Frühjahr 2005.

452 Gespräch mit einem Ortsansässigen, 20.4.2005.

453 Das Haus wurde bereits in mehreren Architekturzeitschriften beschrieben, vgl. Hanisch, Ruth, Felix Augenfeld. Architektur und Inneneinrichtung Wien 1920 – New York 1960, Dipl. Arbeit, Wien 1995, S. 22, Fußnote 36.

454 Ebenda S. 22f.

455 Ebenda S. 45.

456 Ebenda S. 119.

457 Ebenda S. 121.

458 Gardiner, Muriel, Deckname Mary, a.a.O., S. 162.

459 Hellman, Lillian, Pentimento. A book of portraits, Boston/Mass.: 1973. Der Roman wurde später unter dem Titel „Julia" verfilmt.

460 Vgl. Buttinger, Josef, Am Beispiel Österreichs, Ein geschichtlicher Beitrag zur Krise der sozialistischen Bewegung, Köln 1953.

461 Gardiner, Muriel, Deckname Mary, a.a.O. Vorangegangen war dieser Autobiographie ein bereits früher veröffentlichter, schmaler Band, in dem die Erinnerungen von Muriel Gardiner durch Anmerkungen und Zusätze von Joseph Buttinger ergänzt wurden, vgl. Gardiner, Muriel/Buttinger, Joseph, Damit wir nicht vergessen. Unsere Jahre 1934–1947 in Wien, Paris und New York, Wien 1978.

462 Gardiner, Muriel/Buttinger, Joseph, Damit wir nicht vergessen, a.a.O., S. 11f.

463 Ebenda S. 11.

464 Gardiner, Muriel, Deckname Mary, a.a.O., S. 27.

465 Gardiner, Muriel/Buttinger, Joseph, Damit wir nicht vergessen, a.a.O., S. 16f.

466 Gardiner, Muriel, Deckname Mary, a.a.O., S. S. 35.

467 Ebenda S. 35.

468 Zur Beziehung zwischen Sigmund Freud und Ruth Mack Brunswick vgl. Roazen, Paul, Sigmund Freud und sein Kreis. Eine biographische Geschichte der Psychoanalyse, a.a.O., S. 406–421 sowie Roazen, Paul, Wie Freud arbeitete. Berichte von Patienten aus erster Hand, Gießen 1999, Interview mit Mark Brunswick, S. 77–102.

469 Gardiner, Muriel, Deckname Mary, a.a.O., S. 39.

470 Ebenda S. 40.

471 „Eine Kundgebung des geistigen Wien" abgedruckt in: Schiferer, Ruediger H., Alfred Adler, a.a.O., S. 178.

472 Doolittle, Hilda, Huldigung, S. 212, zit. in: Appignanesi, Lisa/Forrester, John, Die Frauen Sigmund Freuds, a.a.O., S. 520.

473 Freud, Martin, Mein Vater Siegmund Freud, Heidelberg 1999, S. 212.

474 Appignanesi, Lisa/Forrester, John, Die Frauen Sigmund Freuds, a.a.O., S. 202–234.

475 Vgl. Gulick, Charles A., Österreich von Habsburg zu Hitler, a.a.O., S. 567.

476 Gardiner, Muriel, Deckname Mary, a.a.O., S. 13.

477 Philby, Kim, Im Secret Service. Erinnerungen eines sowjetischen Kundschafters, Berlin 1983, S. 6.

478 Gardiner, Muriel/Buttinger, Joseph, Damit wir nicht vergessen, a.a.O., S. 40ff.

479 Gardiner, Muriel, Deckname Mary, a.a.O., S. 111.

480 Dokumentationsarchiv des Österreichischen Widerstandes (DÖW), Mappe 18880/4, Frau Buttingers Antworten auf die Fragen der Herren Wagner und Tomkowitz, ohne Datum, S. 8.

481 Ebenda Mappe 18886/3, 13.12.1949, Brief von Muriel Gardiner an die Visa Division, Department of State, Anfrage warum der US-Consul die Visa für Kreisky und andere verweigert.

482 Appignanesi, Lisa/Forrester, John, Die Frauen Sigmund Freuds, a.a.O., S. 521.

483 Gardiner, Muriel, Deckname Mary, a.a.O., S. 157.

484 Anna Freud, Vorwort, in: Gardiner Muriel, Deckname Mary. Erinnerungen einer Amerikanerin im österreichischen Untergrund, Wien 1989, S. 6.

485 Anna Freud an Muriel Gardiner, 4. November 1970, zit. in: Gardiner, Muriel (Hrsg.), Der Wolfsmann vom Wolfsmann, a.a.O., S. 448.

486 Heller, Peter (Hrsg.), Anna Freud, Briefe an Eva Rosenfeld, a.a.O., S. 155.

487 Heller, Peter (Hrsg.), Anna Freud, Briefe an Eva Rosenfeld, a.a.O., S. 155.

488 Young-Bruehl, Elisabeth, Anna Freud, a.a.O., S. 277. Die Entwürfe stammen aus dem Atelier Hofmann und Augenfeld, vgl. Hainisch, Ruth, Felix Augenfeld. Architektur und Inneneinrichtung Wien 1920 – New York 1960, a.a.O., S. 23.

489 Young-Bruehl, Elisabeth, Anna Freud, a.a.O., S. 280f.

490 Heller, Peter (Hrsg.), Anna Freud. Briefe an Eva Rosenfeld, a.a.O., S. 192.

Anmerkungen

491 Ebenda S. 192.

492 Ebenda S. 192.

493 Ebenda S. 194.

494 Bittner, Günther/Heller, Peter (Hrsg.), Eine Kinderanalyse bei Anna Freud, a.a.O., S. 53.

495 Young-Bruehl, Elisabeth, Anna Freud, a.a.O., S. 32.

496 Josef Breuer/Sigmund Freud, Studien über Hysterie, a.a.O.

497 Young-Bruehl, Elisabeth, Anna Freud, a.a.O., S. 19.

498 Ebenda S. 72.

499 Ebenda S. 73.

500 Ebenda S. 112.

501 Ebenda S. 166.

502 Stephan, Inge, Die Gründerinnen der Psychoanalyse, a.a.O., S. 286.

503 Ebenda S. 286.

504 Berthelsen, Detlef, Alltag bei Familie Freud, a.a.O., S. 35.

505 Stephan, Inge, Die Gründerinnen der Psychoanalyse, a.a.O., S. 288.

506 Appignanesi, Lisa/Forrester, John, Die Frauen Sigmund Freuds, a.a.O., S. 388.

507 Ebenda S. 388.

508 Young-Bruehl, Elisabeth, Anna Freud, a.a.O., S. 278.

509 Ebenda S. 288.

510 Appignanesi, Lisa/Forrester, John, Die Frauen Sigmund Freuds, a.a.O., S. 519.

511 Young-Bruehl, Elisabeth, Anna Freud, a.a.O., S. 321 ff.

512 Appignanesi, Lisa/Forrester, John, Die Frauen Sigmund Freuds, a.a.O., S. 519. Edith Jackson war zusammen mit Muriel Gardiner im linken Widerstand gegen den Austrofaschismus aktiv. Sie war nicht nur Mittlerin zu den sich in der Illegalität befindlichen Sozialisten und Sozialistinnen, sondern war als Amerikanerin auch eine neutrale Verbindungsperson zum Wiener Magistrat und konnte später, nach 1938, zahlreichen jüdischen Personen zur Flucht verhelfen. Vgl.: Young-Bruehl, Elisabeth, Anna Freud. Eine Biographie, a.a.O., S. 321 ff.

513 Appignanesi, Lisa/Forrester, John, Die Frauen Sigmund Freuds, a.a.O., S. 406.

514 Gay, Peter, Freud. Eine Biographie für unsere Zeit, a.a.O., S. 701. Vgl. Kapitel 6 und Kapitel 7 in diesem Band.

515 Young-Bruehl, Elisabeth, Anna Freud, a.a.O., S. 335.

516 Jones, Ernest, Das Leben und Werk von Sigmund Freud, Bd. III, a.a.O., S. 290.

517 Freud, Anna/Burlingham Dorothy, Heimatlose Kinder, Stuttgart 1971, S. 99f

518 http://home.att.net/ Adlerian/lyrics.htm

Quellenverzeichnis

Adolf Lehmans' allgemeiner Wohnungsanzeiger. Wiener Stadt- und
Landesarchiv.

Akt Nijinskij, Hauptarchivakte/Persönlichkeiten NZ, Wiener Stadt-
und Landesarchiv.

Dokumentationsarchiv des österreichischen Widerstandes, (DöW):
Mappe 18880/4 und Mappe 18886/3

Der Raubmord in der Lustkandlgasse, in: Reichspost, 11. September
1924, S. 6.

Das Verbrechen in der Lustkandlgasse aufgeklärt, in: Reichspost, 10.
September 1924, S. 5.

Geheimnisvoller Mord in der Lustkandlgasse, in: Illustrierte Kronen-
zeitung, 10.09.1924, S. 4.

Illustriertes Wiener Extrablatt, Nr. 34/9. Jahrgang, Mittwoch 4. Februar 1880.

Illustriertes Wiener Extrablatt, Nr.48/9. Jahrgang, Mittwoch 18. Februar 1880.

Vom eigenen Neffen ermordet, in: Wiener Bilder, 14. Sept. 1924, S. 1.

Interview mit Djore Kasimir, 22. März 2005.

Lang, Marie, Wie der Corregidor entstand, in: Die Zeit, 23.02.1904.

Eva Rosenfeld, Valentin Rosenfeld, Elias Canetti, Paula Wessely, Attila Hörbiger, Muriel Gardiner, Felix Augenfeld, Robert Stolz, Hermine Hug-Hellmuth, Wilhelm Reich, Sergius Pankejeff, Ruth
Mack Brunswick, Karl Renner, Bertha Pappenheim, Wiener Stadt-
und Landesarchiv: Meldezettel.

Testament Hermine Hug-Hellmuths vom 06.08.1924, VV 184/25,
Wiener Stadt- und Landesarchiv.

Verein für Geschichte der Arbeiterbewegung, Personen-Archiv, B 21
Nachlaß Joseph Buttinger, Karton 1/Mappe 2/C, Karton 1/Mappe
3/A und F, Karton 1/Mappe 4

Literaturverzeichnis

Achleitner, Friedrich, Österreichische Architektur im 20. Jahrhundert. Ein Führer in 4 Bänden, Bd. III/2, Salzburg/ Wien 1995.

Adler, Alfred Furtmüller, Carl (Hrsg.), Heilen und Bilden. Ärztlich-pädagogische Arbeiten des Vereins für Individualpsychologie, München 1914. Reprint: Frankfurt/Main 1973.

Adler, Alfred, Praxis und Theorie der Individualpsychologie. Vorträge zur Einführung in die Psychotherapie für Ärzte, Psychologen und Lehrer, Frankfurt/Main 1984.

Adorno, Theodor W., Minima Moralia. Reflexionen aus dem beschädigten Leben, in ders.: Gesammelte Schriften, 1944–1947, Bd. 4, Frankfurt/Main 1980.

Appignanesi, Lisa/ Forrester, John, Die Frauen Sigmund Freuds, München 1996.

Arnbom, Marie-Theres, Man will wohnen an der Ringstraße. Die Häuser der Familie Lieben, in: Kohlbauer-Fritz, Gabriele/Fuks, Evi (Hrsg.), Die Liebens. 150 Jahre Geschichte einer Wiener Familie, Wien 2004, S. 55–66.

Augustin, Andreas, Die berühmtesten Hotels der Welt. Hotel Bristol, Wien 2000.

Bergner, Elisabeth, Bewundert viel und viel gescholten... Elisabeth Bergners unordentliche Lebenserinnerungen, München 1978.

Bernhard, Marianne, Zeitenwende im Kaiserreich. Die Wiener Ringstraße. Architektur und Gesellschaft 1858–1906, München 1992.

Bernhard, Thomas, Wittgensteins Neffe, Frankfurt/Main 1982.

Berthelsen, Detlef, Alltag bei Familie Freud. Die Erinnerungen der Paula Fichtl, München 1989.

Bertin, Célia, Die letzte Bonaparte. Freuds Prinzessin. Ein Leben, Freiburg 1989.

Beyerl, Peppo, Der Himmel über Wien, in: Wien wirklich. Der Stadtführer, Wien 1992, S. 304–307.

Bittner, Günther/ Heller, Peter (Hrsg.), Eine Kinderanalyse bei Anna Freud (1929–1932), Würzburg 1983.

Brentzel, Marianne, Sigmund Freuds Anna O. Das Leben der Bertha Pappenheim, Leipzig 2004.

Breuer, Josef, Beobachtung I. Frl. Anna O., in: Josef Breuer/ Sigmund Freud, Studien über Hysterie, Leipzig/Wien 1909, S. 15–36.

Breuer, Josef/ Freud, Sigmund, Studien über Hysterie, Leipzig/Wien 1909.

Broch-Jacobsen, Mikkel, Anna O. zum Gedächtnis. Eine hundertjährige Irreführung, München 1997.

Bruder-Bezzel, Almuth, Alfred Adler. Die Entstehungsgeschichte einer Theorie im historischen Milieu Wiens, Göttingen 1983.

Buckle, Richard, Nijinsky, London 1971.

Buttinger, Josef, Am Beispiel Österreichs. Ein geschichtlicher Beitrag zur Krise der sozialistischen Bewegung, Köln 1953.

Canetti, Elias, Das Augenspiel. Lebensgeschichte 1931–1937, Frankfurt/Main 1990.

Canetti, Elias, Die Blendung, Gütersloh 1994.

Canetti, Elias, Fackel im Ohr, Lebensgeschichte 1921–1931, Frankfurt/Main 1982.

Caruso, Igor A./Englert, Edward H., Sozialpsychologie bei Alfred Adler, in: Ringel, Erwin/Brandl, Gerhard (Hrsg.), Ein Österreicher namens Alfred Adler. Seine Individualpsychologie – Rückschau und Ausblick, Frankfurt/Main 1997, S. 76–107.

Chorherr, Thomas, Wien. Eine Geschichte, Wien 1987.

Deichmann, Hans, Leben mit provisorischer Genehmigung. Leben, Werk, Exil von Dr. Eugenie Schwarzwald (1872–1940), Wien 1988.

Der Clown Gottes, Tagebuch des Waslaw Nijinskij, Stuttgart, o. J.

Duda, Sibylle, Erkundungen zur Geschichte der Hysterie oder >Der Fall Anna O.<, in: Duda, Sibylle/Pusch, Luise F. (Hrsg.), Wahnsinnsfrauen, Frankfurt/Main 1992.

Ebenbauer, Alfred/Greisenegger, Wolfgang/Mühlberger, Kurt (Hrsg.), Historie und Geist. Universitätscampus Wien, Bd. 1, Wien 1998.

Ebenbauer, Alfred/Greisenegger, Wolfgang/Mühlberger, Kurt (Hrsg.), Architektur als Transformation. Universitätscampus Wien, Bd. 2, Wien 1998.

Eckstein, Friedrich, Alte unnennbare Tage! Erinnerungen aus siebzig Lehr- und Wanderjahren, Wien 1992.

Edinger Dora (Hrsg.), Bertha Pappenheim, Leben und Schriften, Frankfurt/Main 1963.

Fellinger, Hans, Zur Entwicklungsgeschichte der Wiener Volksbildung, in: Kutalek, Norbert/Fellinger, Hans, Zur Wiener Volksbildung, Wien 1969, S. 127–261.

Feurstein, Michaela/Milchram, Gerhard, Jüdisches Wien. Stadtspaziergänge, Wien 2001.

Fischer, Lisa, Geschlechterasymmetrien der Wiener Moderne, in: Klimt und die Frauen, Ausstellungskatalog, Köln 2001, S. 32–37.

Literatur

Freud, Anna, Wege und Irrwege in der Kinderentwicklung, Stuttgart 1986.

Freud, Ernst (Hrsg.), Brautbriefe. Briefe an Martha Bernays aus den Jahren 1882–1886, Frankfurt/Main 1971.

Freud, Sigmund. Briefe 1873–1939, hrsg. von Freud, Ernst/Freud, Lucie, Frankfurt/Main 1968.

Freud, Martin, Mein Vater Sigmund Freud, Heidelberg 1999.

Freud, Sigmund, Bemerkungen über die Übertragungsliebe, Gesammelte Werke, Bd. 10, Frankfurt/Main 1967.

Freud, Sigmund, Studienausgabe Bd. I–X, Frankfurt/Main 1969–1975.

Freud, Sigmund, Über Coca (1884), in: Hirschmüller, Albrecht (Hrsg.), Sigmund Freud, Schriften über Kokain, Frankfurt/Main 1996.

Freud, Sigmund, Zur Psychotherapie der Hysterie, in: Josef Breuer/ Sigmund Freud, Studien über Hysterie, Leipzig/Wien 1909, S. 222–269.

Freud, Sigmund, Zur Geschichte der Psychoanalytischen Bewegung (1914), in: G.W. X, Frankfurt/Main 1999, S. 43–113.

Freud, Sigmund, Die Traumdeutung (1900), in: G.W. II/III, Frankfurt/Main 1999.

Freud, Sigmund, Zur Psychopathologie des Alltagslebens. Über Vergessen, Versprechen, Vergreifen, Aberglaube und Irrtum (1901), in: G.W. IV, Frankfurt/Main 1999.

Freud, Sigmund, Bruchstücke einer Hysterie-Analyse (1905b), in: G.W. V, Frankfurt/Main 1999, S. 161–286.

Freud, Sigmund, Der Witz und seine Beziehung zum Unbewussten (1905c), in: G.W. VI, Frankfurt/Main 1999.

Freud, Sigmund, Drei Abhandlungen zur Sexualtheorie (1905a), in: G.W. V, Frankdfurt/Main 1999, S. 27–145.

Freud, Sigmund, Das Ich und das Es (1923), in: G.W. XIII, Frankfurt/Main 1999, S. 235–289.

Freud, Sigmund, Die Frage der Laienanalyse. Unterredung mit einem Unparteiischen (1926), in: G.W. XIV, Frankfurt/Main 1999, S. 206–286. S. 227.

Freud, Sigmund, Nachschrift zur „Selbstdarstellung" (1935), in: G.W. XVI, Fankfurt/Main 1999, S. 28–34.

Friebus, Dorothee, Sofie Lazarsfeld oder „Wie die Frau den Mann erlebt", in: Lévy, Alfred/Mackenthun, Gerald (Hrsg.), Gestalten um Alfred Adler, Würzburg 2002, S. 157–174.

Fritsch, Georg, Rosenfeld. Katalog, Wien 2001.

Fritz, Wolfgang, Der Kopf des Asiaten Breitner. Politik und Ökonomie im Roten Wien, Wien 2000.

Gardiner, Muriel, Deckname Mary. Erinnerungen einer Amerikanerin im österreichischen Untergrund, Wien 1983.

Gardiner, Muriel (Hrsg.), Der Wolfsmann vom Wolfsmann, Frankfurt/Main 1982.

Gardiner, Muriel/Buttinger, Joseph, Damit wir nicht vergessen. Unsere Jahre 1934–1947 in Wien, Paris und New York, Wien 1978.

Gay, Peter, Freud. Eine Biographie für unsere Zeit, Frankfurt/Main 1997.

Gibs, Helga, Hietzing. Zwischen gestern und morgen, Korneuburg 1996.

Gicklhorn, Josef/Gicklhorn, Renée, Sigmund Freuds akademische Laufbahn im Lichte der Dokumente, Wien/Innsbruck 1960.

Glöckel, Otto, Die Entwicklung des Wiener Schulwesens seit dem Jahre 1919, Wien 1927.

Graf-Nold, Angela, Der Fall Hermine Hug-Hellmuth. Eine Geschichte der frühen Kinder-Psychoanalyse, München/Wien 1988.

Gulick, Charles A., Österreich von Habsburg zu Hitler, Wien 1976.

Hamann, Brigitte, Elisabeth, Kaiserin wider Willen, München 1997.

Hamann, Brigitte, Hitlers Wien. Lehrjahre eines Diktators, München, 1996.

Handlbauer, Bernhard, Die Adler-Freud-Kontroverse, Frankfurt/Main 1990.

Handlbauer, Bernhard, Psychoanalytikerinnen und Individualpsychologinnen im Roten Wien, in: Ingrisch, Doris/Korotin, Ilse/Zwiauer, Charlotte (Hrsg.), Die Revolutionierung des Alltags. Zur intellektuellen Kultur von Frauen im Wien der Zwischenkriegszeit, Frankfurt/Main 2004, S. 75–100.

Handlbauer, Bernhard, Gespräch über das Rauchen. Werkblatt. Zeitschrift für Psychoanalyse und Gesellschaftskritik, Nr. 20/21, 1989, S. 63–71.

Hanisch, Ruth, Felix Augenfeld. Architektur und Inneneinrichtung Wien 1920 – New York 1960, Dipl. Arbeit, Wien 1995.

Heinrich von Ferstel (1828–1883), Bauten und Projekte für Wien, 81. Sonderausstellung des Historischen Museums der Stadt Wien, Hermesvilla, Lainzer Tiergarten, 26. März 1983 bis 18. März 1984, Ausstellungskatalog zusammengestellt von Renata Kassal-Mikula. Wien 1983.

Literatur

Heller, Peter (Hrsg.), Anna Freud. Briefe an Eva Rosenfeld, Basel 1994.

Hellman, Lillian, Pentimento. A book of portraits, Boston/Mass.: 1973.

Hilmes, Oliver, Witwe im Wahn. Das Leben der Alma Mahler-Werfel, München 2004.

Hirschmüller, Albrecht, Einleitung, in: Hirschmüller, Albrecht (Hrsg.), Sigmund Freund, Schriften über Kokain, Frankfurt/Main 1996, S. 9–40.

Hirschmüller, Albrecht, Freuds Begegnung mit der Psychiatrie. Von der Hirnmythologie zur Neurosenlehre, Tübingen 1991.

Hirschmüller, Albrecht, Physiologie und Psychoanalyse in Leben und Werk Josef Breuers, Jahrbuch der Psychoanalyse, Beiheft 4, Bern/Stuttgart 1978.

Hoffman, Edward, Alfred Adler. Ein Leben für die Individualpsychologie, München/Basel 1997.

Hoffmann-Richter, Ulrike, Hermine Hug-Hellmuth, geb. Hug, Edle von Hugenstein, in: Keintzel, Brigitta/Korotin, Ilse (Hrsg.), Wissenschafterinnen in und aus Österreich. Leben–Werk–Wirken, Wien 2002, S. 322–324.

Holzapfel-Gomperz, Bettina, Reisnerstrasse 13. Meine Jugend im Wien der Jahrhundertwende, Aus dem Nachlass hrsg. von Meyer-Holzapfel, Monika/Hausherr, Cedric, Wien/München 1980.

http://www.Sung.at/johann-strauss-gesellschaft/obj/d/n/ 0015952. htm, 08.04.2005, 15.59 Uhr

Jones, Ernest, Das Leben und Werk von Sigmund Freud. Zur Entwicklung der Persönlichkeit und die großen Entdeckungen 1856–1900, Bd. I, Bern/Stuttgart 1960.

Jones, Ernest, Das Leben und Werk von Sigmund Freud. Jahre der Reife 1901–1919, Bd. II, Bern/Stuttgart 1962.

Jones, Ernest, Das Leben und Werk von Sigmund Freud. Die letzte Phase 1919–1939, Bd. III, Bern/Stuttgart 1962.

Kann, Robert A. (Hrsg.), Theodor Gomperz. Ein Gelehrtenleben im Bürgertum der Franz-Josefs-Zeit. Auswahl seiner Briefe und Aufzeichnungen 1869–1912. Erläutert und zu einer Darstellung seines Lebens verknüpft von Heinrich Gomperz, Wien 1974.

Kapfinger, Otto, Haus Wittgenstein. Eine Dokumentation, Wien 1991.

Kapner, Gerhardt, Anton Hanak. Kunst- und Künstlerkult. Ein Beispiel, Wien 1984.

Koller-Glück, Elisabeth, Otto Wagners Kirche Am Steinhof, Wien 1984.

Korotin, Ilse/Keintzel, Brigitta (Hrsg.), Wissenschafterinnen in und aus Österreich. Leben – Werk – Wirken, Wien 2002.

Krüll, Marianne, Freud und sein Vater. Die Entstehung der Psychoanalyse und Freuds ungelöste Vaterbindung, München 1979.

Kulessa, Hanne, Nachwort, in: dieselbe (Hrsg.), Tagebuch eines halbwüchsigen Mädchens, Frankfurt/Main 1987.

Lazarsfeld, Sofie, Familien- oder Gemeinschaftserziehung, in: Wexberg, Erwin (Hrsg.), Handbuch der Individualpsychologie, Bd. 1, Amsterdam 1926.

Lazarsfeld, Sofie, Wie die Frau den Mann erlebt. Fremde Bekenntnisse und eigene Betrachtungen, Leipzig/Wien, 1931.

Lazarsfeld-Jahoda, Marie/Zeisl, Hans: Die Arbeitslosen von Marienthal. Ein soziographischer Versuch über die Wirkungen langdauernder Arbeitslosigkeit mit einem Anhang zur Geschichte der Soziographie. Bearb. und hrsg. von der österreichischen wirtschaftspsychologischen Forschungsstelle, Leipzig 1933.

Leidinger, Hannes/Moritz, Verena, Russisches Wien. Begegnungen aus vier Jahrhunderten, Wien/Köln/Weimar 2004.

Lieben, Anna, Gedichte. Ihren Freunden zur Erinnerung. Wien 1901.

Lohmann, Hans-Martin, Sigmund Freud, Reinbek bei Hamburg 2002.

Maderthaner, Wolfgang, Die österreichische Sozialdemokratie 1918–1934. Die größte Parteiorganisation der Welt, in: Museen der Stadt Wien (Hrsg.), Das Rote Wien 1918–1934. Sonderausstellung des Historischen Museum der Stadt Wien, 17.6.–5.9.1993, Wien 1993, S. 28–42.

Mahler-Werfel, Alma, Mein Leben, Frankfurt/Main 1960.

Malmberg, Helga, Widerhall des Herzens. Ein Peter Altenberg-Buch, München 1961.

Mayreder, Rosa, Die Krise der Väterlichkeit, Graz 1963.

Mende, Susanne, Die Wiener Heil- und Pflegeanstalt „Am Steinhof" in der Zeit des NS-Regimes in Österreich, in: Gabriel, Eberhard/ Neugebauer, Wolfgang (Hrsg.), NS-Euthanasie in Wien, Wien/ Köln/Weimar 2000, S. 61–73.

Meysels, Lucian O., In meinem Salon ist Österreich. Berta Zuckerkandl und ihre Zeit, München 1984.

Mulot-Déri, Sibylle, Alte ungenannte Tage. Zur Biographie Friedrich Ecksteins, in: Eckstein, Friedrich, Alte unnennbare Tage! Erinnerungen aus siebzig Lehr- und Wanderjahren, Wien 1992, S. 297–310.

Literatur

Mulot-Déri, Sibylle, Sir Galahad. Porträt einer Verschollenen, Frankfurt/Main 1987.

Nijinsky, Romola, Nijinsky. Der Gott des Tanzes, Frankfurt/Main 1974.

Obholzer, Karin, Gespräche mit dem Wolfsmann. Eine Psychoanalyse und die Folgen, Hamburg 1980.

Obholzer, Karin, Der Wolfsmann, in: AZ Journal, 13.01.1973.

Öhlinger, Walter, Wien 1918–1934. Im Spannungsfeld der Ersten Republik, in: Museen der Stadt Wien (Hrsg.), Das Rote Wien 1918–1934, Sonderausstellung des Historischen Museum der Stadt Wien, 17.6.– 5.9.1993, Wien 1993, S. 8–27.

Philby, Kim, Im Secret Service. Erinnerungen eines sowjetischen Kundschafters, Berlin 1983.

Prokop, Ursula, Margaret Stonborough-Wittgenstein. Bauherrin, Intellektuelle, Mäzenin, Wien/Köln/Weimar 2003.

Rassentheoretiker und Ehrenbürger, in: Der Standard, 31.01.2004.

Rattner, Josef, Alfred Adler, Reinbek bei Hamburg 1972.

Ritsch, Martin, Wittgenstein über Freud, Dipl. Arb., Innsbruck 1990.

Roazen, Paul, Sigmund Freud und sein Kreis. Eine biographische Geschichte der Psychoanalyse, Bergisch Gladbach 1976.

Roazen, Paul, Wie Freud arbeitete. Berichte von Patienten aus erster Hand, Gießen 1999.

Ross, Victor, Eva Marie Rosenfeld (1892–1977). Persönliche Erinnerungen an eine mutige Frau, in: Heller, Peter (Hrsg.), Anna Freud. Briefe an Eva Rosenfeld, Basel 1994, S. 33–58.

Rothländer, Christiane/Motesiczky, Karl, Biographische Annäherung an einen „Gerechten unter den Völkern", in: Kohlbauer-Fritz, Gabriele/Fuks, Evi (Hrsg.), Die Liebens. 150 Jahre Geschichte einer Wiener Familie, Wien 2004, S. 183–203.

Sacher-Masoch, Wanda und Leopold. Szenen einer Ehe. Eine kontroversielle Biographie. Eine Collage, mit einem Nachwort versehen von Adolf Opel, Wien 1996.

Schaffenrath, Christiana, Das Hotel Bristol in Wien. Ein Palasthotel, Dipl. Arb., Salzburg 2000.

Schiferer, Ruediger H., Alfred Adler. Eine Bildbiographie, München/Basel 1995.

Schnell, Hermann, Alfred Adler und das Wiener Schulwesen, in: Ringel, Erwin/Brandl, Gerhard (Hrsg.), Ein Österreicher namens Alfred Adler. Seine Individualpsychologie – Rückschau und Ausblick, Frankfurt/Main 1997, S. 134–144.

Schnitzler, Arthur, Das weite Land, Frankfurt/Main 1989.

Schnitzler, Arthur. Jugend in Wien. Eine Autobiographie, hrsg. von Schnitzler, Heinrich/Nickl, Therese. Mit einem Nachwort von Friedrich Torberg, Frankfurt/Main 1988.

Wagner-Jauregg, Julius. Lebenserinnerungen, hrsg. von Schönbauer, L./Jantsch, M., Wien 1950.

Schönherr, Max, Wer war Friedrich Eckstein?, in: Eckstein, Friedrich, Alte unnennbare Tage! Erinnerungen aus siebzig Lehr- und Wanderjahren, Wien 1992, S. 313–328.

Schwendter, Rolf, Armut und Kultur der Wiener Jahrhundertwende, in: Nautz, Jürgen/Vahrenkamp, Richard (Hrsg), Die Wiener Jahrhundertwende, Wien 1993, S. 677–693.

Sperber, Manès, Alfred Adler oder das Elend der Psychologie, Wien/München/Zürich 1970.

Stephan, Inge, Die Gründerinnen der Psychoanalyse. Eine Entmythologisierung Sigmund Freuds in zwölf Frauenporträts, Stuttgart 1992.

Theweleit, Klaus, Objektwahl. Über Paarbildungsstrategien & Bruchstück einer Freudbiographie, Frankfurt/Main 1990.

Thoma, Helga, Gegen den Strom. Zivilcourage und Widerstand im Dritten Reich, Wien 2002.

Tichy, Marina/Zwettler-Otte, Sylvia, Freud in der Presse. Rezeption Sigmund Freuds und der Psychoanalyse in Österreich 1895–1938, Wien 1999.

Tögel, Christfried, Freuds Wien. Eine Biographische Skizze nach Schauplätzen, Wien 1996.

Torberg, Friedrich, Traktat über das Wiener Kaffeehaus (1959), in: Ders., Die Tante Jolesch oder Der Untergang des Abendlandes in Anekdoten, München 1991.

Trotzki, Leo, Mein Leben, Versuch einer Autobiographie, Berlin 1930.

Veigl, Hans, Wiener Kaffeehausführer, Wien 1989.

Vossenkuhl, Wilhelm, Ludwig Wittgenstein, München 1998.

Walzer, Tina/Templ, Stephan, Unser Wien. „Arisierung auf österreichisch", Berlin 2001.

Weir, Günter, ‚Vater Freud' und die frühe psychoanalytische Bewegung, Opladen 1996.

Winter, Josefine von, Fünfzig Jahre eines Wiener Hauses, Wien/Leipzig 1927.

Wolf, Alfred, Alsergrund. Bezirk der Dichter und Denker, Korneuburg 1993.

Literatur

Young-Bruehl, Elisabeth, Anna Freud. Eine Biographie, Wien 1988.

Zuckerkandl, Bertha, Österreich intim. Erinnerungen 1892–1942, Frankfurt/Main 1988.

Zweig, Stefan, Die Welt von Gestern. Erinnerungen eines Europäers, Frankfurt/Main 1975.

Abbildungsnachweis

Abb. 1, 5, 50, 56, 63, 64, 65, 74, 75 Direktion der Museen der Stadt Wien

Abb. 2, 4, 6, 7, 8, 9, 10, 11, 12, 13, 14, 15, 16, 17, 19, 20, 22, 27, 28, 32, 38, 39, 54, 67, 69, 80, 83, 89, 98, 99, 100 Sigmund Freud Privat Stiftung

Abb. 3, 44 aus: Sonja Leiss, Frauensache(n). Eine Spurensuche. Katalog zur Ausstellung im Museum der Stadt Mödling. Mödling 1996

Abb. 18, 21, 23, 24, 25, 26, 29, 35, 36, 37, 42, 47, 49, 52, 53, 55, 66, 68, 71, 72, 73, 77, 78, 79, 88, 90, 93, 94, 95, 96 Bildarchiv der Österreichischen Nationalbibliothek

Abb. 33, 43, 58, 60, 82, 85, 91, 97 Lisa Fischer

Abb. 51 und 57 Andreas Augustin: famoushotels

Abb. 70 Volkshochschule Ottakring

Abb. 76 Karin Obholzer

Abb. 92 DÖW

Abb. 40 und 41 aus: Kinderübernahmestelle der Gemeinde Wien, o.J., Wien. MA 11

Abb. 30 und 31 aus: Kann, Robert A. (Hrsg.), Theodor Gomperz. Ein Gelehrtenleben im Bürgertum der Franz-Josefs-Zeit. Auswahl seiner Briefe und Aufzeichnungen 1869–1912. Erläutert und zu einer Darstellung seines Lebens verknüpft von Heinrich Gomperz, Wien 1974.

Abb. 34 aus: Gicklhorn, Josef/Gicklhorn, Renée, Sigmund Freuds akademische Laufbahn im Lichte der Dokumente, Wien/Innsbruck 1960.

Abb. 45, 46, 48 aus: Kohlbauer, Fritz/Fuks, Evi (Hrsg.), Die Liebens. 150 Jahre einer Wiener Familie, Wien 2004.

Abb. 59 und 62 aus: Prokop, Ursula, Margaret Stonborough-Wittgenstein. Bauherrin, Intellektuelle, Mäzenin, Wien/Köln/Weimar 2003.

Abb. 61 aus: Kapner, Gerhardt, Anton Hanak. Kunst- und Künstlerkult. Ein Beispiel, Wien 1984.

Abb. 84, 86, 87 aus: Heller, Peter (Hrsg.), Anna Freud. Briefe an Eva Rosenfeld, Basel 1994.

Abb. 81 aus: Stephan, Inge, Die Gründerinnen der Psychoanalyse. Eine Entmythologisierung Sigmund Freuds in zwölf Frauenporträts, Stuttgart 1992.

Register

217

Register

Gastbeiträge von:

Gerhard Benetka

Jg. 1962, Studium der Psychologie, Geschichte und Soziologie an der Universität Wien; Mag. phil., Dr. phil., Habilitation für Psychologie an der Universität Wien, am Institut für Psychologie der Universität Graz und am Studiengang für Sozialarbeit an der FH-Joanneum Graz. Zahlreiche Publikationen über Geschichte der Psychologie und wissenschaftstheoretische Grundlagen der Psychologie.

Inge Scholz-Strasser

Studium der Geschichte und Philosophie in Wien. Seit 2003 Vorstandsvorsitzende der Sigmund Freud Privatstiftung und seit 1996 Direktorin und wissenschaftliche Geschäftsführerin des Sigmund Freud Museums Wien. Zahlreiche Publikationen zur Biografie Freuds und zu angewandten Aspekten der Psychoanalyse. Herausgeberin deutsch- und englischsprachiger Publikationen zur Geschichte der Psychoanalyse. Kuratorin zahlreicher Ausstellungen.

Das Café Landtmann zu Zeiten Sigmund Freuds

„Es hat mich sehr *gefreud*…"

DIES WAR eine Lieblingsformulierung von Kaiser Franz Josef I. Er selbst war allerdings nie im Landtmann, da er Kaffeehausbesuche als nicht standesgemäß erachtete. Sein Urgroßneffe Otto von Habsburg sieht das nicht mehr so eng und ist ein begeisterter Gast des Café Landtmann.

GENAUSO WIE Prinz Philipp, der Gemahl der englischen Königin, Helmut Kohl, Gerhard Schröder, Hillary Rodham-Clinton oder Michail Gorbatschow. Nicht nur Politiker sondern auch Künstler wie Burt Lancaster, Peter Weck, Emmerich Kálmán, Gustav Mahler, Paul McCartney, Friedrich Torberg, Thomas Mann, Helmut Qualtinger, Gerhard Bronner und viele andere lieben bzw. liebten das Landtmann.

UND AUCH SIGMUND FREUD verkehrte gerne hier – umso mehr, als zu seiner Zeit im Landtmann manch spannende Tarockpartie stattfand. So hielt sich bis heute das Gerücht, dass Dr. Freud hier öfters tarockierte und dass ihn das sehr gefreut hat …

CAFÉ RESTAURANT LANDTMANN · A-1010 Wien · Dr. Karl Lueger-Ring 4
Tel.: ++43/1/24 100-0 · Fax: ++43/1/532 06 25 · cafe@landtmann.at
www.cafe-wien.at · geöffnet täglich von 7.30 - 24.00 Uhr · kein Ruhetag

**KUNST UND KULTUR
SIND UNS EIN ANLIEGEN.**

KOMMUNALKREDIT
KUNSTSPONSORING
DIE SPEZIALBANK FÜR PUBLIC FINANCE

**Kommunal
KReDIT**

www.kommunalkredit.at